심화·고난도 학습도 만점왕으로 해결

만점왕 수학 고난도

5-2

 정답과 풀이는 EBS 초등사이트(primary.ebs.co.kr)에서 다운로드 받으실 수 있습니다.

| 교재 내용 문의 | 교재 내용 문의는 EBS 초등사이트 (primary.ebs.co.kr)의 교재 Q&A 서비스를 활용하시기 바랍니다. | 교재 정오표 공지 | 발행 이후 발견된 정오 사항을 EBS 초등사이트 정오표 코너에서 알려 드립니다. 교재 검색 ▶ 교재 선택 ▶ 정오표 | 교재 정정 신청 | 공지된 정오 내용 외에 발견된 정오 사항이 있다면 EBS 초등사이트를 통해 알려 주세요. 교교재 검색 ▶ 교재 선택 ▶ 교재 Q&A |

심화·고난도 학습도 만점왕으로 해결

만점왕 수학 고난도

5-2

구성과 특징

• 개념 알기

단원의 주요 개념을 공부하는 단계로 다양한
예와 그림을 통해 핵심 개념을 익힙니다.

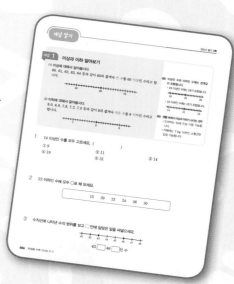

• 개념 응용하기

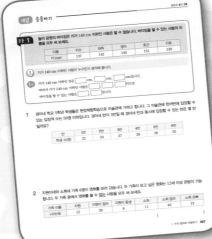

개념별로 기본 원리에 따른 응용 문제를
풀면서 대표적인 응용 문제 유형을 확실히
이해합니다.

• LEVEL 1~2

해당 단원의 심화 문제를 풀면
서 수학적 문제해결력을 높일
수 있습니다.

• LEVEL 3~4

해당 단원의 고난도 심화 문제
를 풀면서 수학적 문제해결력
을 높일 수 있습니다.

• LEVEL 종합

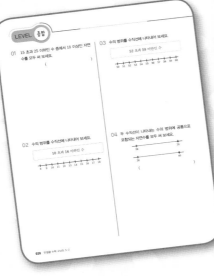

해당 단원의 다양한 수준의 심화
문제를 풀면서 수학 개념을 확실히
이해하여 창의적 사고력을 높일 수
있습니다.

'만점왕 수학 고난도'를 더욱 효과적으로 공부하려면?

'만점왕 수학'으로 기본 개념을 익히고 '만점왕 수학 플러스'로
기초적인 응용 문제를 해결하고 난 후, '만점왕 수학 고난도'의
단계별 고난도 문제를 해결함으로써 수학적 문제해결력 및 창의적 사고력을
향상시킬 수 있습니다.

차례

1 수의 범위와 어림하기

개념 알기

개념 1 이상과 이하 알아보기

(1) 이상에 대해 알아봅시다.

60, 61, 62, 63, 64 등과 같이 60과 **같거나** 큰 수를 60 이상인 수라고 합니다.

(2) 이하에 대해 알아봅시다.

8.0, 6.9, 7.8, 7.2, 7.0 등과 같이 8과 **같거나** 작은 수를 8 이하인 수라고 합니다.

▪ 이상인 수와 이하인 수에는 경곗값이 포함됩니다.
- 19 이상인 수에는 19가 포함됩니다.

- 15 이하인 수에는 15가 포함됩니다.

▪ 생활 속에서 이상과 이하가 쓰이는 경우
- 드라마는 15세 이상 시청 가능합니다.
- 카페에는 7 kg 이하인 소형견만 입장 가능합니다.

1 14 이상인 수를 모두 고르세요. ( )

① 9   ② 11   ③ 14
④ 19   ⑤ 31

2 23 이하인 수에 모두 ○표 해 보세요.

| 15 | 20 | 23 | 24 | 28 | 30 |

3 수직선에 나타낸 수의 범위를 보고 □ 안에 알맞은 말을 써넣으세요.

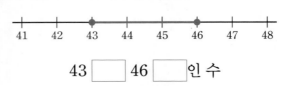

43 □ 46 □ 인 수

개념 응용하기

응용 1 놀이 공원의 바이킹은 키가 140 cm 이하인 사람은 탈 수 없습니다. 바이킹을 탈 수 있는 사람의 이름을 모두 써 보세요.

이름	지수	태희	정아	호근	지호
키 (cm)	137	142	140	151	139

(!) 키가 140 cm 이하인 사람이 누구인지 생각해 봅니다.

(풀이) 키가 140 cm 이하인 것은 ☐ cm, ☐ cm, ☐ cm입니다.

따라서 키가 140 cm 이하인 사람은 ☐, ☐, ☐ 이므로

바이킹을 탈 수 있는 사람은 ☐, ☐ 입니다.

1 경아네 학교 5학년 학생들은 현장체험학습으로 미술관에 가려고 합니다. 그 미술관에 한꺼번에 입장할 수 있는 입장객 수는 50명 이하입니다. 경아네 반이 3반일 때 경아네 반과 동시에 입장할 수 있는 반은 몇 반일까요?

반	1반	2반	3반	4반	5반	6반
학생 수(명)	22	24	27	28	26	25

( )

2 지원이네와 소희네 가족 6명이 영화를 보러 갔습니다. 두 가족이 보고 싶은 영화는 12세 이상 관람이 가능합니다. 두 가족 중에서 영화를 볼 수 <u>없는</u> 사람을 모두 써 보세요.

가족 이름	지원	지원이 엄마	지원이 동생	소희	소희 엄마	소희 오빠
나이(세)	12	39	8	11	45	13

( )

개념 알기

개념 2   초과와 미만 알아보기

(1) 초과에 대해 알아봅시다.

   61, 62, 63, 64 등과 같이 60보다 큰 수를 60 초과인 수라고 합니다.

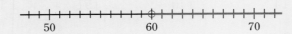

(2) 미만에 대해 알아봅시다.

   8.8, 7.2, 7.0 등과 같이 9보다 작은 수를 9 미만인 수라고 합니다.

🔲 초과인 수와 미만인 수에는 경곗값이 포함되지 않습니다.

• 19 초과인 수에는 19가 포함되지 않습니다.

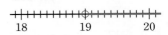

• 15 미만인 수에는 15가 포함되지 않습니다.

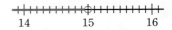

🔲 생활 속에서 초과와 미만이 쓰이는 경우

• 지하 주차장에는 2 m 미만인 차량만 통과 가능합니다.

• 수화물의 무게가 25 kg 초과인 경우 추가 요금을 내야 합니다.

---

1   52 초과인 수를 모두 고르세요. (   )

① 52   ② 100   ③ 53.6

④ 52.3   ⑤ 50

2   130 미만인 수에 모두 ◯표 해 보세요.

130.1	129.5	125	134

3   수직선에 나타낸 수의 범위를 보고 ☐ 안에 알맞은 말을 써넣으세요.

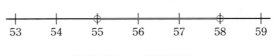

55 ☐ 58 ☐ 인 수

개념 응용하기

응용 2 수화물의 무게가 25 kg을 초과하면 추가 요금을 내야 합니다. 요금을 더 내야 하는 수화물을 모두 찾아 써 보세요.

수화물	가	나	다	라	마
무게(kg)	24.7	25.0	26.6	27.0	23.9

(!) 무게가 25 kg 초과인 수화물을 찾아봅니다.

풀이 25 초과인 수는 25보다 (작은 , 큰) 수입니다.

따라서 요금을 더 내야 하는 수화물은 ☐ , ☐ 입니다.

1 아파트 지하 주차장의 통과 제한 높이는 2 m 미만입니다. 지하 주차장을 통과할 수 있는 자동차를 모두 찾아 써 보세요.

자동차	가	나	다	라	마
높이(cm)	200	190	220	179	210

( )

2 지연이네 반 학생들이 1분 동안 한 줄넘기 횟수를 조사하여 나타낸 표입니다. 1등급을 받을 수 있는 학생은 누구일까요?

1분 동안 한 줄넘기 횟수

이름	지연	우정	바다	하늘	보라	은우	민채
횟수(회)	45	60	23	54	61	43	37

등급별 횟수

등급	횟수(회)
1	60 초과
2	50 초과 60 이하
3	30 초과 50 이하
4	30 이하

( )

개념 3 올림, 버림, 반올림 알아보기

(1) 올림에 대해 알아봅시다.

> 구하려는 자리의 아래 수를 올려서 나타내는 방법을 올림이라고 합니다.

307을 십의 자리까지 나타내기 위해 십의 자리 아래 수인 7을 10으로 보고 310으로 나타낼 수 있습니다.

- 올림하여 십의 자리까지 나타내기
  607 ➡ 610
- 올림하여 백의 자리까지 나타내기
  607 ➡ 700

(2) 버림에 대해 알아봅시다.

> 구하려는 자리의 아래 수를 버려서 나타내는 방법을 버림이라고 합니다.

138을 십의 자리까지 나타내기 위해 십의 자리 아래 수인 8을 0으로 보고 130으로 나타낼 수 있습니다.

- 버림하여 십의 자리까지 나타내기
  568 ➡ 560
- 버림하여 백의 자리까지 나타내기
  568 ➡ 500

(3) 반올림에 대해 알아봅시다.

> 구하려는 자리 바로 아래 자리의 숫자가 0, 1, 2, 3, 4이면 버리고, 5, 6, 7, 8, 9이면 올려서 나타내는 방법을 반올림이라고 합니다.

1324를 십의 자리까지 나타내기 위해 십의 자리 바로 아래 자리의 숫자가 4이므로 버리고 1320으로 나타낼 수 있습니다.

- 반올림하여 십의 자리까지 나타내기
  2137 ➡ 2140
- 반올림하여 백의 자리까지 나타내기
  2137 ➡ 2100

---

1 올림하여 백의 자리까지 나타내면 1200이 되는 수를 모두 찾아 ○표 해 보세요.

1180	1100	1201	1109	1222

2 어느 공장에서 공책 2349권을 만들었습니다. 이 공책을 한 상자에 100권씩 포장하여 팔려고 합니다. 공책을 최대 몇 권까지 포장할 수 있는지 알아보려면 올림, 버림, 반올림 중 어떤 방법으로 어림해야 할까요?

(   )

3 138.672를 반올림하여 각각 주어진 자리까지 나타낼 때 가장 큰 수는 어느 것일까요? (   )

① 소수 둘째 자리   ② 소수 첫째 자리   ③ 일의 자리

④ 십의 자리   ⑤ 백의 자리

응용 3 어림한 수의 크기를 비교하여 ◯ 안에 >, =, <를 알맞게 써넣으세요.

4564를 올림하여
백의 자리까지 나타낸 수 ◯ 4599

⚠️ 4564를 올림하여 백의 자리까지 나타내어 봅니다.

풀이 4564를 올림하여 백의 자리까지 나타내기 위하여 백의 자리 아래 수인 64를 [ ]으로 보고 [ ](으)로 나타낼 수 있습니다.
따라서 4564를 올림하여 백의 자리까지 나타낸 수는 4599보다 (작습니다 , 큽니다).

1 수를 반올림하여 주어진 자리까지 나타내어 보세요.

수	소수 첫째 자리	일의 자리	십의 자리
48.86			
70.32			

2 어림한 수의 크기를 비교하여 ◯ 안에 >, =, <를 알맞게 써넣으세요.

5634를 반올림하여
백의 자리까지 나타낸 수 5600

3 선물 한 개를 포장하는 데 리본 10 cm가 필요합니다. 리본 234 cm로는 선물을 최대 몇 개까지 포장하고 리본이 몇 cm 남을까요?

(,)

01 민지네 반 여학생들이 윗몸 말아 올리기를 했습니다. 민지네 반 여학생 중 1등급에 속하는 학생을 모두 찾아 써 보세요. (단, 60회 이상은 1등급입니다.)

윗몸 말아 올리기 기록

이름	민지	다솜	주영	지영	지원	하늘
횟수(회)	20	81	35	60	55	59

(   )

02 수의 범위를 수직선에 나타내고, 이 범위에 포함되는 자연수를 모두 써 보세요.

29 이상 34 미만인 수

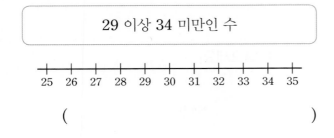

(   )

03 25가 포함되는 수의 범위를 찾아 기호를 써 보세요.

㉠ 18 초과 25 이하인 수
㉡ 21 이상 25 미만인 수
㉢ 25 초과 30 미만인 수

(   )

04 두 수직선에 나타낸 수의 범위에 공통으로 속하는 자연수를 모두 써 보세요.

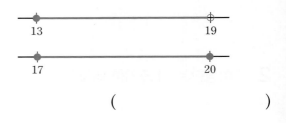

(   )

05 수연이네 학교의 학생은 모두 1248명입니다. 아이스크림을 학생들에게 한 개씩 나누어 주려고 합니다. 한 상자에 100개씩 들어 있는 아이스크림을 최소 몇 상자 사면 되는지 구해 보세요.

(   )

06 지원이는 마트에 가서 39500원짜리 물건을 사려고 합니다. 10000원짜리 지폐로만 계산하려면 최소 얼마가 필요할까요?

(   )

07 반올림하여 소수 둘째 자리까지 나타낸 수가 <u>다른</u> 하나를 찾아 써 보세요.

21.562	21.561	21.559
21.568	21.556	21.555

(   )

08 어떤 수를 반올림하여 십의 자리까지 나타내었더니 790이 되었습니다. 어떤 수가 될 수 있는 수의 범위를 수직선에 나타내어 보세요.

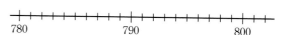

01 14가 포함되는 수의 범위를 찾아 기호를 써 보세요.

> ㉠ 14 초과 24 이하인 수
> ㉡ 8 이상 14 미만인 수
> ㉢ 13 초과인 수

(   )

02 15 초과 25 이하인 수 중 홀수는 모두 몇 개일까요?

(   )

03 40대 부부가 80세인 할머니와 7세 딸, 13세 아들과 함께 박물관에 갔습니다. 다섯 사람의 입장료는 모두 얼마일까요?

> • 13세 미만: 2000원
> • 13세 이상 20세 미만: 4000원
> • 20세 이상 70세 미만: 6000원
> • 70세 이상: 무료

(   )

04 올림하여 십의 자리까지 나타낸 수가 50이 되는 50 미만인 자연수를 모두 써 보세요.

(   )

05 어떤 수를 올림하여 백의 자리까지 나타내면 1200입니다. 어떤 수의 십의 자리 숫자는 4, 일의 자리 숫자는 2일 때 어떤 수는 얼마일까요?

( )

06 어떤 수를 반올림하여 백의 자리까지 나타내었더니 2000이었습니다. 어떤 수 중에서 가장 작은 수를 구해 보세요.

( )

07 올림, 버림, 반올림 중 어떤 방법으로 어림해야 하는지 빈칸에 써 보세요.

정화	21500원짜리 준비물을 사려고 30000원을 준비했어.	
지은	쿠키를 52개 구웠는데 한 봉지에 10개씩 포장하려고 해. 몇 봉지가 될까?	
경은	내 키가 152.8 cm인데 1 cm 단위로 더 가까운 쪽의 눈금을 읽으면 153 cm야.	
다솜	포장하려면 리본 끈 43 cm가 필요해서 50 cm짜리 리본 끈을 샀어.	

08 100원짜리 동전 563개를 지폐로 바꾸려고 합니다. 물음에 답하세요.

(1) 1000원짜리 지폐로 교환할 경우 최대 몇 장까지 교환할 수 있을까요?

( )

(2) 10000원짜리 지폐로 교환할 경우 최대 몇 장까지 교환할 수 있을까요?

( )

01 둘레가 48 cm 초과 82 cm 이하인 정삼각형을 그리려고 합니다. 정삼각형의 한 변의 길이가 될 수 없는 것을 찾아 기호를 써 보세요.

> ㉠ 27 cm ㉡ 16.2 cm
> ㉢ 27.3 cm ㉣ 15.9 cm

( )

02 백의 자리 수가 3 이상 5 미만, 십의 자리 수가 4 초과 8 미만이고, 일의 자리 수가 0인 세 자리 수를 만들려고 합니다. 만들 수 있는 세 자리 수를 모두 써 보세요.

( )

03 공장에서 볼펜 1654개를 생산하여 한 상자에 100개씩 담아 팔려고 합니다. 볼펜 한 상자의 가격이 10000원일 때 상자에 담아 판매할 수 있는 볼펜의 가격은 모두 얼마일까요?

( )

04 200 미만인 어떤 자연수를 올림하여 십의 자리까지 나타내면 200이 됩니다. 어떤 수가 될 수 있는 중에서 가장 큰 수와 가장 작은 수의 차를 구해 보세요.

( )

05 반올림하여 십의 자리까지 나타내었을 때 3300이 되는 자연수는 모두 몇 개인지 구해 보세요.

( )

06 수 카드 4장을 한 번씩만 사용하여 가장 큰 네 자리 수를 만들려고 합니다. 만든 수를 반올림하여 천의 자리까지 나타낸 수와 반올림하여 백의 자리까지 나타낸 수의 차를 구해 보세요.

| 5 | 6 | 3 | 8 |

( )

07 조건을 만족하는 자연수를 모두 써 보세요.

- 반올림하여 십의 자리까지 나타내면 70 입니다.
- 올림하여 십의 자리까지 나타내면 70입 니다.
- 70 미만인 수입니다.

( )

08 다음 수를 반올림하여 만의 자리까지 나타내면 620000이 된다고 합니다. □ 안에 들어갈 수 있는 수를 모두 더하면 얼마일까요?

62 □ 352

( )

LEVEL 4

01 다음 조건을 만족하는 수 중에서 가장 작은 수와 가장 큰 수를 각각 구해 보세요.

> • 네 자리 수입니다.
> • 2000 초과 4500 미만인 수입니다.
> • 천의 자리 수는 2 초과인 수입니다.
> • 백의 자리 수는 7 이상 9 미만인 수입니다.
> • 십의 자리 수는 5 미만인 수입니다.
> • 일의 자리 수는 2의 배수인 수면서 6 이상 9 미만인 수입니다.

가장 작은 수 (   )

가장 큰 수 (   )

02 수의 범위에 속하는 자연수 중에서 가장 큰 4의 배수와 가장 작은 5의 배수의 합은 얼마일까요?

> 99 초과 123 이하인 수

(   )

03 현빈이네 학교 5학년 모두가 체험학습을 가려면 45인승 버스가 적어도 6대 필요합니다. 현빈이네 학교 5학년 학생 수는 몇 명 이상 몇 명 이하인지 써 보세요.

(   )

04 어떤 자연수에 9를 곱해서 나온 수를 버림하여 십의 자리까지 나타내었더니 60이 되었습니다. 어떤 수를 구해 보세요.

(   )

018 만점왕 수학 고난도 5-2

05 어떤 수를 반올림하여 십의 자리까지 나타내면 760이고, 반올림하여 백의 자리까지 나타내면 800입니다. 어떤 수가 될 수 있는 수의 범위를 이상과 미만을 이용하여 나타내어 보세요.

(   )

06 진철이가 일주일 동안 넘은 줄넘기 횟수를 올림하여 십의 자리까지 나타낸 표입니다. 줄넘기를 가장 많이 넘은 요일과 가장 적게 넘은 요일의 실제 줄넘기 횟수의 차가 581회일 때 두 요일의 실제 줄넘기 횟수는 각각 몇 회일까요?

일주일 동안 넘은 줄넘기 횟수

요일	월	화	수	목	금	토	일
횟수 (회)	710	1130	610	780	1090	540	760

(   ), (   )

07 어떤 자연수와 1356을 각각 반올림하여 천의 자리까지 나타낸 후 더했더니 3000이 되었습니다. 어떤 자연수의 범위를 이상과 미만을 사용하여 나타내어 보세요.

(   )

08 길이가 30 m인 끈을 일곱 도막으로 잘랐습니다. 30÷7의 몫을 반올림하여 소수 첫째 자리까지 나타낸 길이로 똑같이 여섯 번째 도막까지 끈을 잘랐습니다. 똑같이 자른 여섯 도막은 각각 몇 m씩 잘랐고, 마지막 도막은 몇 m가 되었는지 차례로 써 보세요.

(   ), (   )

01 15 초과 25 이하인 수 중에서 18 이상인 자연수를 모두 써 보세요.

(   )

02 수의 범위를 수직선에 나타내어 보세요.

10 초과 16 이하인 수

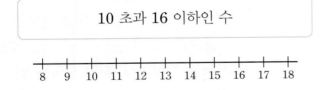

03 수의 범위를 수직선에 나타내어 보세요.

52 초과 59 미만인 수

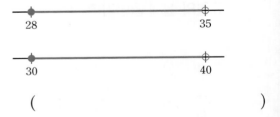

04 두 수직선이 나타내는 수의 범위에 공통으로 포함되는 자연수를 모두 써 보세요.

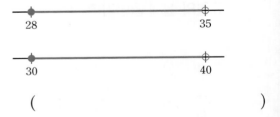

(   )

05 어떤 자연수에 6을 곱해서 나온 수를 올림하여 십의 자리까지 나타내었더니 50이 되었습니다. 어떤 수가 될 수 있는 수를 모두 더하면 얼마일까요?

(   )

06 5학년 학생들에게 사탕을 1개씩 모두 나누어 주려고 합니다. 학생 수가 128명이고 한 상자에 10개씩 담겨 있는 사탕을 사려고 할 때 최소 몇 상자를 사야 할까요?

(   )

07 어떤 수를 반올림하여 십의 자리까지 나타내면 5320이 됩니다. 어떤 수가 될 수 있는 자연수 중에서 가장 큰 수와 가장 작은 수의 합을 구해 보세요.

(   )

08 물건을 사기 위해 세 친구가 대화를 하고 있습니다. 물건의 금액을 가장 적절하게 어림한 친구는 누구일까요?

역사책	보드게임	필통
12900원	9900원	4400원

수연: 책을 12000원, 보드게임을 9000원, 필통을 4000원으로 어림했어. 25000원만 있으면 살 수 있어.

가희: 나는 책을 13000원, 보드게임을 10000원, 필통을 4000원으로 어림했어. 27000원으로 살 수 있어.

종석: 나는 책을 13000원, 보드게임을 10000원, 필통을 5000원으로 어림했어. 28000원이 필요해.

(   )

09 수 카드 4장을 한 번씩만 사용하여 가장 작은 네 자리 수를 만들려고 합니다. 만든 네 자리 수를 버림하여 천의 자리까지 나타낸 수와 반올림하여 백의 자리까지 나타낸 수의 합을 구해 보세요.

2 1 7 8

(   )

10 다음 조건을 만족하는 자연수는 모두 몇 개일까요?

- 반올림하여 십의 자리까지 나타내면 560입니다.
- 버림하여 십의 자리까지 나타내면 560입니다.
- 562 이상 565 미만인 수입니다.

(   )

11 어떤 자연수와 2457을 각각 반올림하여 백의 자리까지 나타낸 후 더했더니 5000이 되었습니다. 어떤 자연수의 범위를 이상과 미만을 사용하여 나타내어 보세요.

(   )

12 다음 수를 반올림하여 천의 자리까지 나타내면 58000이 됩니다. ☐ 안에 들어갈 수 있는 수 중 가장 큰 수와 가장 작은 수의 합을 구해 보세요.

57 ☐ 78

(   )

2 분수의 곱셈

개념 1 **(분수)×(자연수) 알아보기**

(1) (진분수)×(자연수)에 대해 알아봅시다.

예) $\frac{3}{4} \times 6$의 계산

방법1 분자와 자연수를 곱한 후 약분하여 계산하기

$$\frac{3}{4} \times 6 = \frac{3 \times 6}{4} = \frac{\overset{9}{\cancel{18}}}{\underset{2}{\cancel{4}}} = 4\frac{1}{2}$$

방법2 분모와 자연수를 약분한 후 계산하기

$$\frac{3}{\underset{2}{\cancel{4}}} \times \overset{3}{\cancel{6}} = \frac{3 \times 3}{2} = \frac{9}{2} = 4\frac{1}{2}$$

(2) (대분수)×(자연수)에 대해 알아봅시다.

예) $1\frac{1}{4} \times 3$의 계산

방법1 대분수를 가분수로 바꾼 후 계산하기

$$1\frac{1}{4} \times 3 = \frac{5}{4} \times 3 = \frac{5 \times 3}{4} = \frac{15}{4} = 3\frac{3}{4}$$

방법2 대분수를 자연수와 진분수의 합으로 보고 계산하기

$$1\frac{1}{4} \times 3 = (1 \times 3) + \left(\frac{1}{4} \times 3\right) = 3 + \frac{3}{4} = 3\frac{3}{4}$$

● (단위분수)×(자연수)는 단위분수의 분자와 자연수를 곱하여 계산합니다.

$$\frac{1}{4} \times 3 = \frac{1 \times 3}{4} = \frac{3}{4}$$

● 분자와 자연수를 곱하는 과정에서 약분하여 계산할 수 있습니다.

$$\frac{3}{4} \times 6 = \frac{3 \times \overset{3}{\cancel{6}}}{\underset{2}{\cancel{4}}} = \frac{9}{2} = 4\frac{1}{2}$$

● 대분수를 가분수로 고치지 않고 분모와 자연수를 약분하지 않도록 합니다.

예) $1\frac{1}{\underset{2}{\cancel{6}}} \times \overset{1}{\cancel{3}} = 1\frac{1}{2}$ (×)

1 정아가 케이크를 사서 하루에 $\frac{1}{9}$ 만큼씩 먹었습니다. 4일 동안 케이크를 먹었을 때 정아가 먹은 케이크의 양은 전체의 얼마인지 식을 쓰고 답을 구해 보세요.

식 _____ 답 _____

2 다영이는 매일 물을 $\frac{7}{8}$ L씩 마십니다. 다영이가 10일 동안 마신 물은 모두 몇 L일까요?

( )

응용 1 혜영이는 한 시간에 $3\frac{5}{9}$ km를 걸을 수 있다고 합니다. 같은 빠르기로 3시간 동안 걸었다면 혜영이가 걸은 거리는 몇 km인지 구해 보세요.

(!) 한 시간에 $3\frac{5}{9}$ km를 걸을 수 있고 3시간 동안 걸었다면 $3\frac{5}{9}+3\frac{5}{9}+3\frac{5}{9}$ 와 같이 계산할 수 있습니다.

풀이 한 시간에 $3\frac{5}{9}$ km를 일정한 빠르기로 3시간 동안 걸었다면 혜영이가 걸은 거리를 구하는 식은

$3\frac{5}{9}+3\frac{5}{9}+3\frac{5}{9}=3\frac{5}{9}\times\boxed{}$ 입니다.

$3\frac{5}{9}\times\boxed{}=\dfrac{\boxed{}}{9}\times\boxed{}=\dfrac{\boxed{}}{3}=\boxed{}\dfrac{\boxed{}}{\boxed{}}$ (km)입니다.

1 빈 병에 음료수를 $\dfrac{3}{11}$ L씩 6번 부었습니다. 빈 병에 담은 음료수의 양은 몇 L인지 식을 쓰고 답을 구해 보세요.

식 _____ 답 _____

2 한 변의 길이가 $7\frac{3}{5}$ m인 정사각형의 둘레는 몇 m일까요?

(   )

개념 알기

개념 2 **(자연수)×(분수) 알아보기**

(1) (자연수)×(진분수)에 대해 알아봅시다.

예) $2 \times \dfrac{3}{4}$ 의 계산

방법1 자연수와 분자를 곱한 후 약분하여 계산하기

$$2 \times \frac{3}{4} = \frac{2 \times 3}{4} = \frac{\overset{3}{\cancel{6}}}{\underset{2}{\cancel{4}}} = \frac{3}{2} = 1\frac{1}{2}$$

방법2 자연수와 분자를 곱하는 과정에서 약분하여 계산하기

$$2 \times \frac{3}{4} = \frac{\overset{1}{2} \times 3}{\underset{2}{\cancel{4}}} = \frac{3}{2} = 1\frac{1}{2}$$

방법3 자연수와 분모를 약분한 후 계산하기

$$\overset{1}{2} \times \frac{3}{\underset{2}{\cancel{4}}} = \frac{1 \times 3}{2} = \frac{3}{2} = 1\frac{1}{2}$$

(2) (자연수)×(대분수)에 대해 알아봅시다.

예) $2 \times 1\dfrac{1}{5}$ 의 계산

방법1 대분수를 가분수로 나타낸 후 계산하기

$$2 \times 1\frac{1}{5} = 2 \times \frac{6}{5} = \frac{2 \times 6}{5} = \frac{12}{5} = 2\frac{2}{5}$$

방법2 대분수를 자연수와 진분수의 합으로 보고 계산하기

$$2 \times 1\frac{1}{5} = (2 \times 1) + \left(2 \times \frac{1}{5}\right) = 2 + \frac{2}{5} = 2\frac{2}{5}$$

▶ 분수의 분모는 그대로 두고 자연수와 분자를 곱하여 계산합니다.

$$\blacktriangle \times \frac{\bullet}{\blacksquare} = \frac{\blacktriangle \times \bullet}{\blacksquare}$$

▶ 자연수의 곱셈에서는 항상 그 결과가 커졌지만 분수의 곱셈은 곱하는 수가 1보다 크면 값이 커지고, 곱하는 수가 1과 같으면 값이 변하지 않고, 곱하는 수가 1보다 작으면 값이 작아집니다.

---

1 계산 결과가 4 이상인 식을 모두 찾아 ○표 해 보세요.

$$4 \times 1 \qquad 4 \times \frac{2}{5} \qquad 4 \times 1\frac{7}{8}$$

2 예나의 나이는 8살입니다. 예나 엄마의 나이는 예나 나이의 $4\dfrac{1}{4}$ 배입니다. 예나 엄마의 나이는 몇 살인지 식을 쓰고 답을 구해 보세요.

 식 _____ 답 _____

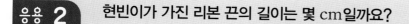

응용 2 현빈이가 가진 리본 끈의 길이는 몇 cm일까요?

내가 가진 리본 끈은 164 cm야!

정아

내가 가진 리본 끈은 네 것의 $\frac{9}{12}$야!

현빈

(!) 현빈이가 가진 리본 끈의 길이를 구하려면 정아가 가진 리본 끈의 길이에 $\frac{9}{12}$를 곱하면 됩니다.

풀이 정아가 가진 리본 끈의 길이는 □ cm이므로 현빈이가 가진 리본 끈의 길이를 구하는 식은 $164 \times \dfrac{\boxed{}}{12}$입니다.

따라서 현빈이가 가진 리본 끈의 길이는 $\overset{41}{\cancel{164}} \times \dfrac{\overset{3}{\cancel{9}}}{\underset{\underset{1}{\cancel{3}}}{\cancel{12}}} = \boxed{} \times \boxed{} = \boxed{}$ (cm)입니다.

---

1 2 L짜리 음료수가 10병 있습니다. 이 음료수의 $\frac{7}{8}$만큼을 학생들에게 나누어 주려고 합니다. 학생들에게 나누어 줄 음료수는 몇 L일까요?

(   )

2 30분의 $\frac{1}{3}$은 몇 시간일까요?

(   )

개념 알기

개념 3 진분수의 곱셈과 여러 가지 곱셈 알아보기

(1) (진분수) × (진분수)에 대해 알아봅시다.

(예) $\dfrac{2}{5} \times \dfrac{3}{8}$의 계산

방법 1 분자는 분자끼리, 분모는 분모끼리 곱한 후 약분하여 계산하기

$$\dfrac{2}{5} \times \dfrac{3}{8} = \dfrac{2 \times 3}{5 \times 8} = \dfrac{\overset{3}{6}}{\underset{20}{40}} = \dfrac{3}{20}$$

방법 2 분자는 분자끼리, 분모는 분모끼리 곱하는 과정에서 약분하여 계산하기

$$\dfrac{2}{5} \times \dfrac{3}{8} = \dfrac{\overset{1}{2} \times 3}{5 \times \underset{4}{8}} = \dfrac{3}{20}$$

(2) 대분수의 곱셈에 대해 알아봅시다.

(예) $2\dfrac{1}{3} \times 1\dfrac{1}{5} = \dfrac{7}{\underset{1}{3}} \times \dfrac{\overset{2}{6}}{5} = \dfrac{7 \times 2}{1 \times 5} = \dfrac{14}{5} = 2\dfrac{4}{5}$

(3) 세 분수의 곱셈에 대해 알아봅시다.

(예) $\dfrac{2}{5} \times \dfrac{3}{8} \times \dfrac{1}{2} = \dfrac{2 \times 3 \times 1}{5 \times 8 \times 2} = \dfrac{\overset{3}{6}}{\underset{40}{80}} = \dfrac{3}{40}$

▶ (단위분수) × (단위분수)의 계산은 분자 1은 그대로 두고 분모끼리 곱합니다.

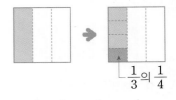

$$\dfrac{1}{3} \times \dfrac{1}{4} = \dfrac{1}{3 \times 4} = \dfrac{1}{12}$$

▶ (진분수) × (진분수)
분자와 분모를 약분한 후 계산할 수 있습니다.

$$\dfrac{2}{5} \times \dfrac{3}{8} = \dfrac{1 \times 3}{5 \times 4} = \dfrac{3}{20}$$

▶ 대분수의 곱셈
대분수를 가분수로 나타낸 후 분자는 분자끼리, 분모는 분모끼리 곱합니다.

▶ 세 분수의 곱셈
분자는 분자끼리, 분모는 분모끼리 곱합니다.

---

1 $\dfrac{3}{8}$ m짜리 끈이 있습니다. 동생에게 줄 선물을 포장하려고 끈의 $\dfrac{5}{6}$를 사용했다면 포장하는 데 사용한 끈은 몇 m인지 식을 쓰고 답을 구해 보세요.

 _____   답 _____

2 세 수의 곱을 구해 보세요.

$$\dfrac{3}{10} \qquad \dfrac{1}{2} \qquad \dfrac{5}{12}$$

(   )

개념 **응용하기**

응용 3 다음 수 카드 중 두 장을 사용하여 $\dfrac{1}{\square} \times \dfrac{1}{\square}$ 의 곱셈을 만들려고 합니다. □ 안에 알맞은 수를 써

넣어 계산 결과가 가장 작은 곱셈식을 만들고 계산해 보세요.

| 2 | 4 | 5 | 6 | 9 |

(!) 단위분수끼리의 곱에서 계산 결과가 가장 작으려면 분모가 가장 큰 수이어야 합니다.

풀이 분모에 (작은 , 큰) 수가 들어갈수록 계산 결과가 작아집니다. 수 카드의 수를 큰 수부터 차례로 쓰면 $\square$, $\square$,

$\square$, $\square$, $\square$ 이므로 수 카드 $\square$ 와/과 $\square$ 을 골라야 합니다.

따라서 계산 결과가 가장 작은 곱셈식은 $\dfrac{1}{\square} \times \dfrac{1}{\square} = \dfrac{1}{\square}$ 또는 $\dfrac{1}{\square} \times \dfrac{1}{\square} = \dfrac{1}{\square}$ 입니다.

1 3장의 수 카드를 각각 한 번씩만 사용하여 대분수를 만들려고 합니다. 만들 수 있는 가장 큰 대분수와 가장 작은 대분수의 곱을 구해 보세요.

| 2 | 3 | 9 |

(   )

2 □ 안에 들어갈 수 있는 가장 큰 자연수를 구해 보세요.

$$\frac{11}{12} \times \frac{9}{22} > \frac{\square}{8}$$

(   )

01 $4 \times 3\frac{5}{12}$ 를 잘못 계산한 것입니다. 잘못된 부분을 찾아 이유를 쓰고 바르게 계산해 보세요.

$$\overset{1}{\cancel{4}} \times 3\frac{5}{\underset{3}{\cancel{12}}} = 1 \times 3\frac{5}{3} = 3 \times \frac{5}{3} = \frac{15}{3} = 5$$

이유 _____

_____

바른 계산 _____

_____

02 계산 결과가 더 큰 것에 ◯표 해 보세요.

$$10 \times 2\frac{3}{5}$$

$$10 \times 2\frac{7}{8}$$

(   )   (   )

03 욕조에 16 L의 물이 들어 있습니다. 이 물의 $\frac{3}{4}$ 을 사용했다면 남은 물의 양은 몇 L일까요?

(   )

04 색칠한 부분의 넓이를 구하는 식을 쓰고 답을 구해 보세요.

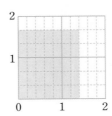

식 _____

답 _____

05 정사각형을 똑같이 2부분으로 나누었습니다. 색칠한 부분의 넓이는 몇 cm²인지 식을 쓰고 답을 구해 보세요.

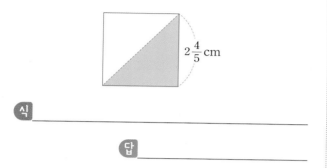

$2\frac{4}{5}$ cm

식 _____

답 _____

06 ☐ 안에 들어갈 수 있는 자연수를 모두 구해 보세요.

$$4\frac{1}{4} \times 3 < \boxed{} < 3\frac{3}{7} \times 5$$

( )

07 다음 수 카드 중 두 장을 사용하여 분수의 곱셈을 만들려고 합니다. ☐ 안에 알맞은 수를 써넣어 계산 결과가 가장 큰 식을 만들고 답을 구해 보세요.

| 3 | 5 | 7 | 8 | 9 |

식 $\dfrac{1}{\boxed{}} \times \dfrac{1}{\boxed{}}$ _____

답 _____

08 정윤이네 반 친구들 중 $\frac{5}{9}$는 초콜릿을 좋아하고 그중 $\frac{3}{4}$은 직접 만들어 본 경험이 있습니다. 초콜릿을 만들어 본 경험이 있는 친구의 $\frac{2}{5}$가 다시 만들어 보고 싶어 할 때, 초콜릿을 다시 만들어 보고 싶어 하는 친구들은 정윤이네 반 전체 학생의 몇 분의 몇일까요?

( )

01 지환이는 다음과 같이 가로가 세로의 3배인 직사각형 모양의 케이크를 주문했습니다. 지환이가 주문한 케이크의 넓이는 몇 cm²일까요?

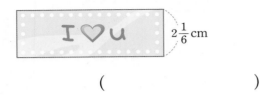

$2\frac{1}{6}$ cm

(   )

02 유주는 한 시간에 3 km의 빠르기로 걸을 수 있습니다. 10분 동안 몇 km만큼 걷는 셈인지 구해 보세요.

(   )

03 그림에서 색칠한 부분의 넓이는 몇 m²일까요?

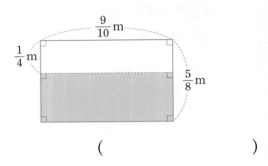

$\frac{9}{10}$ m

$\frac{1}{4}$ m

$\frac{5}{8}$ m

(   )

04 어떤 수에 $2\frac{1}{3}$을 곱해야 할 것을 잘못하여 뺐더니 $1\frac{1}{3}$이 되었습니다. 바르게 계산하면 얼마인지 구해 보세요.

(   )

05 한 변의 길이가 $5\frac{3}{4}$ cm인 정사각형 모양의 색종이를 겹치지 않게 10장을 붙여 모양을 꾸미려고 합니다. 색종이로 꾸민 모양의 넓이는 몇 cm²일까요?

(   )

06 두 수도꼭지 ㉠과 ㉡이 있습니다. 1시간 동안 ㉠에서 $2\frac{3}{4}$ L씩, ㉡에서 $1\frac{11}{14}$ L씩 물이 일정하게 나옵니다. 두 수도꼭지를 동시에 틀었을 때 3시간 30분 동안 받을 수 있는 물의 양은 몇 L인지 구해 보세요.

(   )

07 공책의 가로는 세로의 $\frac{2}{3}$입니다. 공책의 둘레가 100 cm일 때, 공책의 가로와 세로는 각각 몇 cm일까요?

가로 (   )
세로 (   )

08 혜진이네 학교에서 도전 골든벨이 열렸습니다. 도전 골든벨에 참여한 학생은 5학년 120명, 6학년 105명입니다. 첫 번째 문제에서 전체의 $\frac{1}{5}$이 탈락했고, 두 번째 문제에서 남아 있는 사람의 $\frac{1}{4}$이 탈락했습니다. 세 번째 문제에서 남아 있는 사람의 $\frac{2}{9}$가 탈락했을 때 네 번째 문제를 풀 수 있는 사람은 몇 명일까요?

(   )

01 $4\dfrac{2}{5}$ L의 물을 6개의 병에 똑같이 나누어 담았습니다. 그중에서 다섯 병의 물을 마셨다면 마신 물의 양은 몇 L일까요?

(   )

03 페인트 통에 페인트가 $10\dfrac{15}{16}$ L 들어 있습니다. 이 중 $\dfrac{4}{5}$ 를 벽을 칠하는 데 사용했습니다. 벽을 칠하고 남은 페인트는 몇 L일까요?

(   )

02 학교 도서관에 있는 책 중 $\dfrac{5}{7}$ 는 아동 도서이고 그중 $\dfrac{14}{25}$ 는 그림책입니다. 이 중 낡아서 버려야 하는 책이 $\dfrac{7}{8}$ 이라고 합니다. 학교 도서관의 책 중 낡아서 버려야 하는 그림책은 전체의 얼마일까요?

(   )

04 소진이네 담임 선생님께서 교실 뒷배경을 색종이로 꾸미려고 합니다. 한 변의 길이가 $4\dfrac{7}{8}$ cm 인 정사각형 모양의 색종이 14장을 겹치지 않게 옆으로 나란히 이어서 교실 뒤에 붙이려고 합니다. 그중 $\dfrac{2}{9}$ 만큼은 필요 없어 잘라냈다고 할 때 잘라 낸 색종이의 가로는 몇 cm일까요?

(   )

05 다음 직사각형의 둘레의 $\frac{7}{8}$만큼의 둘레가 되는 정사각형을 만들려고 합니다. 새로 만들 정사각형의 한 변의 길이는 몇 cm일까요?

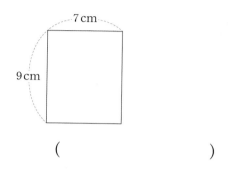

(   )

06 어떤 공을 똑바로 떨어뜨리면 떨어진 높이의 $\frac{2}{3}$만큼 튀어 오른다고 합니다. 이 공을 150 m 높이에서 떨어뜨리면 세 번째로 튀어 오른 공의 높이는 몇 m일까요?

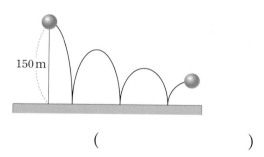

(   )

07 게임 제작 회사에서 매달 아이템 뽑기 이벤트로 1000개의 게임 아이템을 제공한다고 합니다. 이번 달은 지난달에 제공한 아이템 수량의 $\frac{2}{5}$만큼 늘이기로 했습니다. 이번 달 15일까지 지난달에 제공한 게임 아이템 수량의 $\frac{3}{4}$만큼 제공했다면 앞으로 제공할 아이템은 몇 개일까요?

(   )

08 지현이가 40분 동안 한 시간에 $2\frac{1}{7}$ km의 빠르기로 걷다가 이후 50분 동안에는 한 시간에 $3\frac{1}{3}$ km의 빠르기로 걸었습니다. 지현이가 90분 동안 걸은 거리는 모두 몇 km일까요?

(   )

01 한 봉지의 무게가 $2\frac{4}{5}$ kg인 소금 3봉지가 있습니다. 이 소금을 4명에게 똑같이 나누어 주었습니다. 한 명이 받은 소금 중 $\frac{4}{5}$ 를 병에 담았을 때 병에 담긴 소금은 몇 kg일까요?

(   )

02 유나와 지훈, 주원이가 돈을 모아서 빵을 사려고 합니다. 유나가 2100원을 냈고, 지훈이는 유나의 $\frac{6}{7}$ 만큼 냈고, 주원이는 지훈이가 낸 돈의 $3\frac{1}{2}$ 만큼 냈습니다. 세 사람이 모은 돈은 모두 얼마일까요?

(   )

03 정아와 호준이가 같은 지점에서 같은 방향으로 15걸음 걸었더니 정아가 호준이보다 $1\frac{1}{2}$ m 앞에 있었습니다. 정아의 걸음 폭이 $\frac{2}{3}$ m일 때, 호준이의 걸음 폭은 몇 m일까요?
  (단, 정아와 호준이의 걸음 폭은 일정합니다.)

(   )

04 바이올린 4개의 무게는 6 kg이고 첼로 12개의 무게는 $35\frac{1}{7}$ kg입니다. 바이올린 5개의 무게와 첼로 7개의 무게의 합은 몇 kg일까요?

(   )

05 다음 두 분수와 어떤 분수의 곱셈 결과가 2였습니다. 어떤 분수를 대분수로 나타내어 보세요.

$$\frac{2}{7} \qquad 4\frac{4}{13}$$

(   )

06 희진이가 3월에 받은 용돈의 $\frac{3}{7}$을 저금통에 넣고 나머지는 지갑에 넣었습니다. 지갑에 있던 돈의 $\frac{7}{9}$을 썼고 저금통에 넣은 돈의 $\frac{1}{3}$로 친구의 선물을 샀습니다. 희진이가 3월에 받은 용돈이 63000원이라고 할 때 이 중에서 쓴 금액은 모두 얼마일까요?

(   )

07 현정이네 반 학생들의 $\frac{2}{3}$가 체육 시간에 공놀이를 하고 싶어 합니다. 그중 $\frac{3}{5}$은 피구를 하고 싶어 하고, 피구를 하고 싶어 하는 학생 중 $\frac{1}{2}$은 공 2개로 피구를 하고 싶어 합니다. 전체 학생이 30명일 때 피구를 하고 싶어 하는 학생 중 공 2개로 피구를 하고 싶지 않은 학생은 몇 명일까요?

(   )

08 다음은 모양과 크기가 같은 정삼각형 4개를 붙여 만든 것입니다. 가장 큰 정삼각형의 넓이가 $7\frac{1}{9}$ cm²일 때 색칠한 부분의 넓이는 몇 cm²인지 구해 보세요.

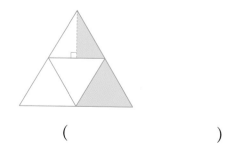

(   )

01 계산 결과를 비교하여 ○ 안에 >, =, <를 알맞게 써넣으세요.

$$\frac{4}{9} \times \frac{1}{8} \times \frac{6}{7} \bigcirc \frac{4}{7} \times \frac{2}{9} \times \frac{3}{4}$$

02 리본 끈 $\frac{8}{9}$ m를 4명이 똑같이 나누어 각자 가장 큰 정사각형을 한 개씩 만들었습니다. 만든 정사각형의 한 변의 길이와 넓이를 차례로 구해 보세요.

(   ), (   )

03 ☐ 안에 들어갈 수 있는 자연수를 모두 구해 보세요.

$$\frac{11}{12} \times 8 < \frac{\square}{9} \times 3 < 4\frac{1}{3} \times 2$$

(   )

04 한 봉지의 무게가 $1\frac{2}{5}$ kg인 밀가루 4봉지가 있습니다. 이 밀가루를 3명이 똑같이 나누어 가진다면 두 사람이 가지는 밀가루는 몇 kg일까요?

(   )

05 정아는 지난주에 510쪽인 소설책 한 권을 사서 첫째 날에는 전체의 $\frac{1}{5}$ 을 읽고 둘째 날에는 나머지의 $\frac{3}{4}$ 을 읽었습니다. 정아가 소설책을 다 읽으려면 몇 쪽을 더 읽어야 할까요?

(   )

07 그림과 같은 정사각형의 둘레가 $9\frac{3}{5}$ m일 때, 색칠한 삼각형의 넓이는 몇 m²일까요?

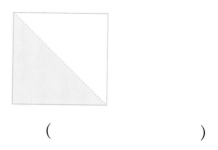

(   )

06 미진이는 5 m짜리 철사의 $\frac{7}{15}$ 을 사용하였고 영현이는 6 m짜리 철사의 $\frac{4}{9}$ 를 사용했습니다. 또, 균상이는 8 m짜리 철사의 $\frac{3}{4}$ 을 사용했을 때 세 사람 중 철사가 가장 많이 남은 사람은 누구일까요?

(   )

08 도형의 넓이는 몇 cm²일까요?

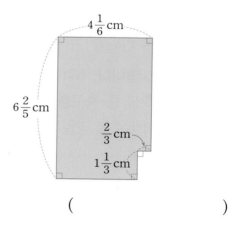

(   )

09 3장의 수 카드를 각각 한 번씩만 사용하여 만들 수 있는 가장 작은 대분수와 $3\frac{1}{3}$의 곱을 구해 보세요.

| 2 | 5 | 8 |

(   )

10 5학년 학생들의 $\frac{4}{9}$가 남학생입니다. 남학생 중 $\frac{3}{5}$은 축구를 좋아하고, 그중 $\frac{1}{2}$은 매주 축구를 한다고 합니다. 5학년 전체 학생이 450명일 때 남학생 중 축구를 좋아하면서 매주 축구를 하는 학생은 몇 명일까요?

(   )

11 지현이는 강아지 두 마리를 키우고 있습니다. 첫째 강아지의 무게는 $4\frac{1}{3}$ kg이고 둘째 강아지의 무게는 첫째 강아지 무게의 $1\frac{1}{6}$배입니다. 강아지 미용 요금이 다음과 같을 때, 두 강아지를 미용하는 데 드는 비용은 모두 얼마일까요?

무게	미용 비용
5 kg 이하	40000원
5 kg 초과 8 kg 이하	60000원
8 kg 초과 10 kg 이하	80000원

(   )

12 어떤 정사각형을 가로는 처음 가로의 $1\frac{3}{4}$배가 되도록 늘이고, 세로는 처음 세로의 $\frac{3}{4}$배만큼을 줄여서 새로운 직사각형을 만들었습니다. 새로 만든 직사각형의 넓이는 처음 정사각형의 넓이의 몇 배일까요?

(   )

3

합동과 대칭

개념 알기

개념 1 도형의 합동과 합동인 도형의 성질 알아보기

(1) 도형의 합동에 대해 알아봅시다.
모양과 크기가 같아서 포개었을 때 완전히 겹치는 두 도형을 서로 합동이라고 합니다.

(2) 합동인 도형의 성질에 대해 알아봅시다.
• 서로 합동인 두 도형을 포개었을 때 완전히 겹치는 점을 대응점, 겹치는 변을 대응변, 겹치는 각을 대응각이라고 합니다.

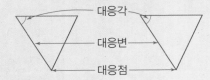

• 합동인 두 도형의 성질
① 각각의 대응변의 길이가 서로 같습니다.
② 각각의 대응각의 크기가 서로 같습니다.

▶ 합동인 도형

두 도형을 뒤집거나 돌려서 포개었을 때 남거나 모자란 부분이 없습니다.

▶ 서로 합동인 두 삼각형에서 대응점, 대응변, 대응각은 각각 3쌍씩 있습니다.

---

1 왼쪽 도형과 서로 합동인 도형을 찾아 기호를 써 보세요.

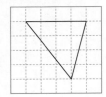 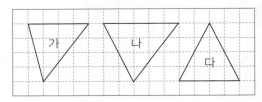

(   )

2 두 사각형은 서로 합동입니다. 물음에 답하세요.

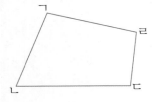 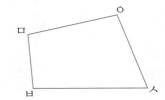

(1) 두 사각형에서 대응점을 모두 찾아 써 보세요.

점 ㄱ과 _____, 점 ㄴ과 _____, 점 ㄷ과 _____, 점 ㄹ과 _____

(2) 두 사각형에서 대응변을 모두 찾아 써 보세요.

변 ㄱㄴ과 _____, 변 ㄴㄷ과 _____, 변 ㄹㄷ과 _____, 변 ㄱㄹ과 _____

응용 1 두 삼각형은 서로 합동입니다. 물음에 답하세요.

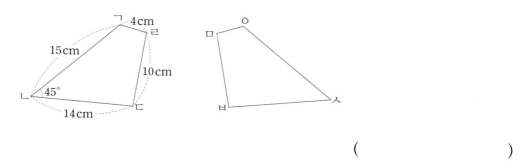

(1) 변 ㄱㄷ의 길이는 몇 cm일까요?　　　　　　　(　　　　　　)

(2) 각 ㅂㄹㅁ은 몇 도일까요?　　　　　　　　　　(　　　　　　)

❗ 각각의 대응변의 길이가 서로 같습니다. 각각의 대응각의 크기가 서로 같습니다.

풀이 변 ㄱㄷ의 대응변은 변 ☐ 입니다. 대응변의 길이는 서로 (같으므로 , 다르므로) 변 ㄱㄷ의 길이는 ☐ cm입니다.

각 ㄹㅁㅂ의 대응각은 각 ☐ 입니다. 대응각의 크기는 서로 (같으므로 , 다르므로) 각 ㄹㅁㅂ의 크기는 ☐°입니다.

따라서 (각 ㅂㄹㅁ)＝180°－☐°－☐°＝☐°입니다.

1 두 사각형은 서로 합동입니다. 변 ㅅㅇ의 길이는 몇 cm일까요?

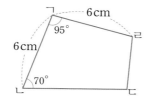

(　　　　　　)

2 두 사각형은 서로 합동입니다. 사각형 ㅁㅂㅅㅇ의 둘레는 몇 cm일까요?

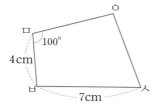

(　　　　　　)

개념 알기

개념 2 **선대칭도형과 그 성질 알아보기**

(1) 선대칭도형에 대해 알아봅시다.

한 직선을 따라 접었을 때 완전히 겹치는 도형을 선대칭도형이라고 합니다. 이때 그 직선을 대칭축이라고 합니다.

대칭축을 따라 포개었을 때 겹치는 점을 대응점, 겹치는 변을 대응변, 겹치는 각을 대응각이라고 합니다.

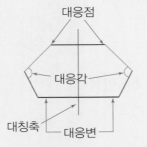

(2) 선대칭도형의 성질에 대해 알아봅시다.

① 각각의 대응변의 길이가 서로 같습니다.
② 각각의 대응각의 크기가 서로 같습니다.
③ 대응점끼리 이은 선분은 대칭축과 수직으로 만납니다.
④ 대칭축은 대응점끼리 이은 선분을 둘로 똑같이 나누므로 각각의 대응점에서 대칭축까지의 거리가 서로 같습니다.

▸ 선대칭도형에서 대칭축에 의해 나누어진 두 도형은 서로 합동입니다.

▸ 선대칭도형의 대칭축은 여러 개가 있을 수 있습니다.

1 선대칭도형을 모두 찾아 기호를 써 보세요.

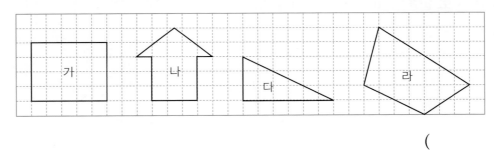

( )

2 선대칭도형의 대칭축을 그리고 대칭축이 가장 많은 도형을 찾아 기호를 써 보세요.

( )

개념 응용하기

응용 2 다음 도형은 선대칭도형입니다. 그림과 같이 도형에 직선을 그었을 때, 대칭축이 되는 직선을 모두 찾아 써 보세요.

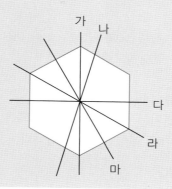

(!) 선대칭도형에서 대칭축의 수는 도형의 모양에 따라 다릅니다.

(풀이) 도형이 완전히 겹치도록 접을 수 있는 직선을 ☐ 이라고 합니다.

따라서 대칭축이 되는 직선을 모두 찾으면 ☐, ☐, ☐, ☐ 입니다.

1 다음 도형에서 선대칭도형 중 대칭축이 2개 이상인 도형을 모두 찾아 기호를 써 보세요.

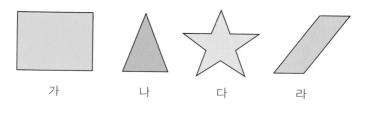

가　　　나　　　다　　　라

(　　　　　　　　　　)

2 다음 세 도형의 대칭축의 수의 합은 모두 몇 개인지 구해 보세요.

가　　　　　　나　　　　　　다

(　　　　　　　　　　)

개념 알기

개념 3 점대칭도형과 그 성질 알아보기

(1) 점대칭도형에 대해 알아봅시다.

한 도형을 어떤 점을 중심으로 180° 돌렸을 때 처음 도형과 완전히 겹치면 이 도형을 점대칭도형이라고 합니다.

이때 그 점을 대칭의 중심이라고 합니다. 대칭의 중심을 중심으로 180° 돌렸을 때 겹치는 점을 대응점, 겹치는 변을 대응변, 겹치는 각을 대응각이라고 합니다.

(2) 점대칭도형의 성질에 대해 알아봅시다.

① 각각의 대응변의 길이가 서로 같습니다.
② 각각의 대응각의 크기가 서로 같습니다.
③ 대칭의 중심은 대응점끼리 이은 선분을 둘로 똑같이 나누므로 각각의 대응점에서 대칭의 중심까지의 거리는 서로 같습니다.

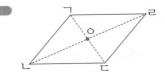

■ 점대칭도형에서 대칭의 중심은 한 개뿐입니다.

■ 대응점끼리 이은 모든 선분이 한 점에서 만나는지 확인하면 점대칭도형을 찾을 수 있습니다.

■

---

1 점대칭도형을 모두 찾아 기호를 써 보세요.

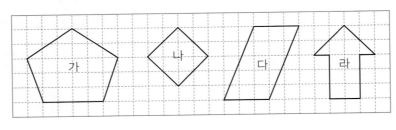

(   )

---

2 다음 도형은 점대칭도형입니다. 대칭의 중심을 찾아 표시해 보세요.

개념 **응용하기**

응용 3 점 ㅇ을 대칭의 중심으로 하는 점대칭도형입니다. 변 ㄱㄴ의 길이는 몇 cm일까요?

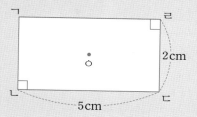

(!) 점대칭도형에서 각각의 대응변의 길이는 서로 같습니다.

(풀이) 변 ㄱㄴ의 대응변은 변 [ ] 입니다.

대응변의 길이는 서로 (같으므로 , 다르므로) 변 ㄱㄴ의 길이는 [ ] cm입니다.

1 점 ㅇ을 대칭의 중심으로 하는 점대칭도형입니다. 변 ㄱㄴ과 변 ㄱㅂ의 길이가 같을 때 점대칭도형의 둘레는 몇 cm일까요?

(   )

2 다음은 지름이 20 cm인 반원 2개를 이어 붙여 점 ㅇ을 대칭의 중심으로 하는 점대칭도형을 만든 것입니다. 선분 ㄱㅇ의 길이는 몇 cm일까요?

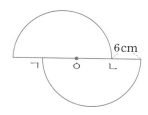

(   )

01 왼쪽 도형과 서로 합동인 도형을 찾아 ○표 해 보세요.

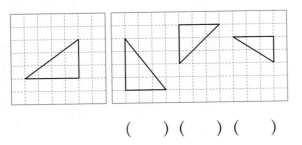

(   ) (   ) (   )

03 선대칭도형이 되도록 그림을 완성하세요.

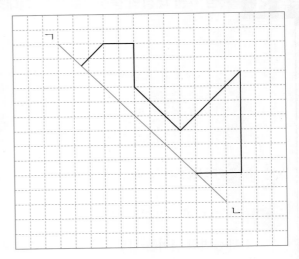

02 점 ㅇ을 대칭의 중심으로 하는 점대칭도형입니다. □ 안에 알맞은 수를 써넣으세요.

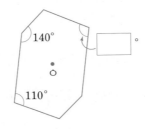

04 직선 ㅈㅊ을 대칭축으로 하는 선대칭도형입니다. 변 ㅅㅇ과 변 ㄱㅇ의 길이의 합은 몇 cm일까요?

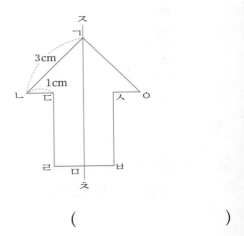

(   )

05 각각의 알파벳을 모두 찾아 써 보세요.

ACDF
GOIX

(1) 선대칭도형: (   )

(2) 점대칭도형: (   )

(3) 선대칭도형이면서 점대칭도형:
(   )

06 선대칭도형도 되고 점대칭도형도 되는 도형을 모두 찾아 기호를 써 보세요.

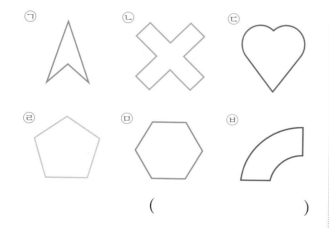

(   )

07 두 도형은 서로 합동입니다. 한 도형의 둘레가 16 cm일 때, 변 ㄴㄷ의 길이는 몇 cm일까요?

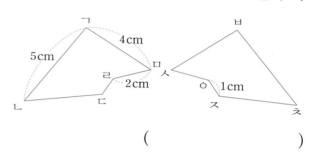

(   )

08 직선 ㅅㅇ을 대칭축으로 하는 선대칭도형입니다. 직사각형 ㄱㄴㄷㄹ의 넓이는 몇 cm²일까요?

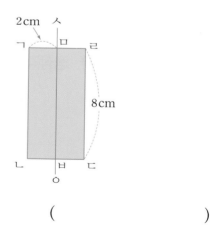

(   )

01 도형에 두 대각선을 그어 대각선을 따라 잘랐을 때 잘린 모든 도형이 항상 합동이 되는 것을 모두 찾아 기호를 써 보세요.

> ㉠ 사다리꼴　　㉡ 마름모　　㉢ 직사각형
> ㉣ 평행사변형　　㉤ 정사각형

(　　　　　　　　)

02 서로 합동인 두 정삼각형의 둘레의 합은 24 cm입니다. 정삼각형 한 변의 길이는 몇 cm일까요?

(　　　　　　　　)

03 선대칭도형을 완성하고 완성된 선대칭도형의 넓이를 구해 보세요.

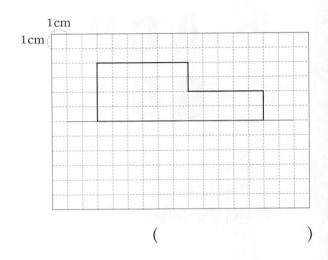

(　　　　　　　　)

04 직선 ㅁㅂ을 대칭축으로 하는 선대칭도형입니다. 각 ㄷㄱㄹ은 몇 도일까요?

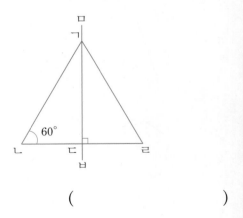

(　　　　　　　　)

05 다음은 선대칭도형입니다. 점 ㄱ의 대응점이
될 수 있는 점을 모두 찾아 써 보세요.

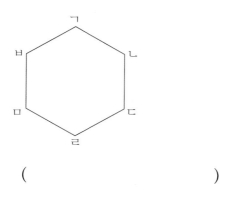

(   )

06 점 ㅇ을 대칭의 중심으로 하여 점대칭도형을
그리려고 합니다. 완성된 도형의 둘레는 몇
cm일까요?

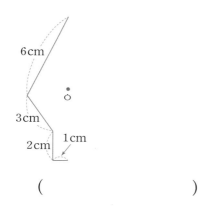

(   )

07 점 ㅈ을 대칭의 중심으로 하는 점대칭도형입니
다. 도형의 둘레가 20 cm일 때 변 ㄱㅇ의 길
이는 몇 cm인지 구해 보세요.

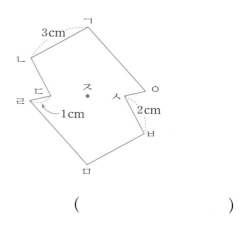

(   )

08 점 ㅇ을 대칭의 중심으로 하는 점대칭도형입니
다. 각 ㄴㅇㄷ은 몇 도일까요?

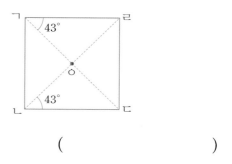

(   )

01 삼각형 ㄱㄴㄹ과 삼각형 ㄹㄷㄱ은 서로 합동입니다. 각 ㄱㅁㄹ은 몇 도일까요?

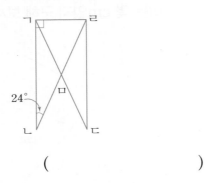

(   )

02 삼각형 ㄱㄴㄷ을 서로 합동인 4개의 삼각형으로 나누었습니다. 각 ㄹㅂㄷ은 몇 도일까요?

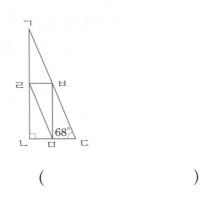

(   )

03 합동인 직각삼각형 4개를 붙여 다음과 같은 도형을 만들었습니다. 이 도형의 둘레는 몇 cm일까요?

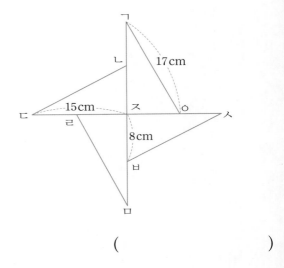

(   )

04 직선 ㅅㅇ을 대칭축으로 하는 선대칭도형입니다. 각 ㅁㄹㄷ은 몇 도일까요?

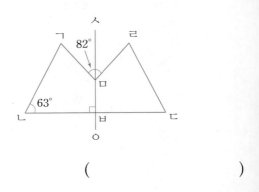

(   )

05 직선 ㅁㅅ을 대칭축으로 하는 선대칭도형입니다. 삼각형 ㄱㄴㄷ의 둘레가 36 cm일 때, 삼각형 ㄱㅂㄹ의 넓이는 몇 cm²일까요?

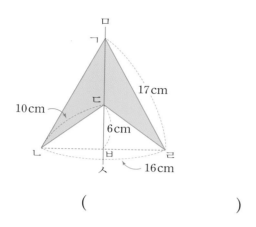

(   )

06 점 ㅈ을 대칭의 중심으로 하는 점대칭도형입니다. 점대칭도형의 둘레가 132 cm일 때, 선분 ㄴㅅ의 길이를 구해 보세요.

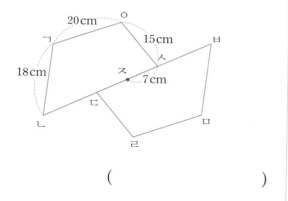

(   )

[07~08] 점 ㅇ을 대칭의 중심으로 하는 점대칭도형의 일부분입니다. 물음에 답하세요.

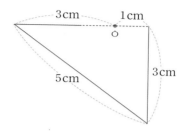

07 점대칭도형의 둘레는 몇 cm일까요?

(   )

08 점대칭도형의 넓이는 몇 cm²일까요?

(   )

LEVEL 4

[01 ~ 02] 삼각형 ㄱㄴㄷ과 삼각형 ㄹㅁㄷ은 합동인 이등변삼각형입니다. 물음에 답하세요.

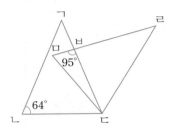

01 각 ㄷㄹㅁ은 몇 도일까요?

(   )

02 각 ㅁㄷㅂ은 몇 도일까요?

(   )

03 사다리꼴 ㄱㄴㄷㄹ에서 삼각형 ㄱㄴㄷ과 삼각형 ㄹㄷㄴ은 서로 합동입니다. 삼각형 ㄹㅁㄷ의 넓이가 60 cm²일 때, 삼각형 ㅁㄴㄷ에서 선분 ㅁㅂ의 길이는 몇 cm일까요?

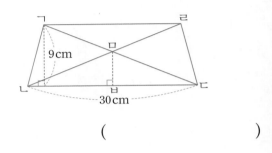

(   )

04 직사각형 ㄱㄴㄷㄹ을 사각형 ㄱㄴㅇㅅ과 사각형 ㅁㅂㅅㅈ이 서로 합동이 되도록 접었습니다. 사각형 ㄱㄴㄷㄹ의 넓이는 몇 cm²일까요?

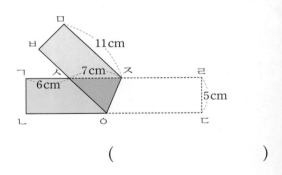

(   )

05 직선 ㅅㅇ을 대칭축으로 하는 선대칭도형입니다. 각 ㄴㄱㅂ은 몇 도일까요?

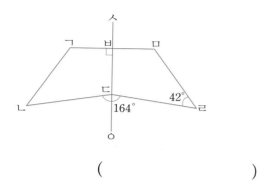

(   )

06 삼각형 ㄱㄴㄷ을 서로 합동인 4개의 삼각형으로 나누었습니다. 삼각형 ㄹㅁㅂ의 넓이는 몇 cm²일까요?

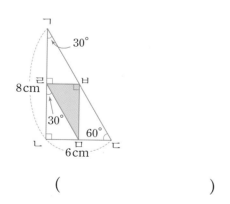

(   )

07 점 ㅇ을 대칭의 중심으로 하는 점대칭도형입니다. 사각형 ㄱㄴㄷㅊ이 정사각형일 때 점대칭도형의 넓이는 몇 cm²일까요?

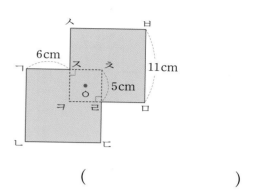

(   )

08 점 ㅇ을 대칭의 중심으로 하는 점대칭도형입니다. 각 ㄷㅇㄹ은 몇 도일까요?

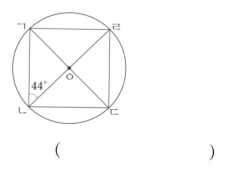

(   )

01 주어진 도형과 서로 합동인 도형을 그려 보세요.

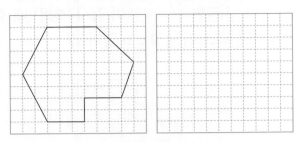

02 점 ㅇ을 대칭의 중심으로 하는 점대칭도형입니다. 선분 ㄱㄹ의 길이는 몇 cm일까요?

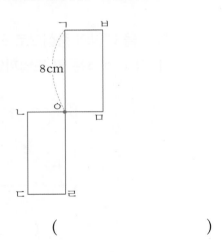

( )

03 두 삼각형은 합동입니다. 각 ㄹㄴㄷ은 몇 도일까요?

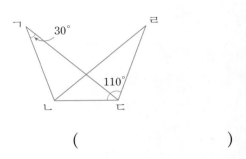

( )

04 점 ㅇ을 대칭의 중심으로 하는 점대칭도형입니다. 각 ㄱㄷㄹ은 몇 도일까요?

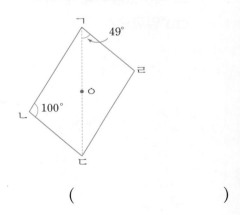

( )

05 삼각형 ㄱㄴㄷ과 삼각형 ㅁㄷㄹ은 합동입니다. 각 ㄱㄷㅁ은 몇 도일까요?

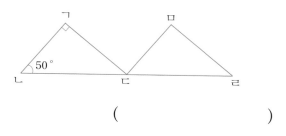

(   )

07 직선 ㅅㅇ을 대칭축으로 하는 선대칭도형입니다. 각 ㄱㅂㅁ은 몇 도일까요?

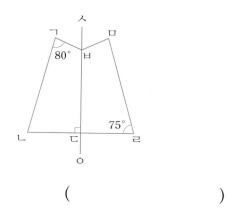

(   )

06 다음은 선대칭도형입니다. 색칠한 부분의 넓이는 몇 cm^{2}일까요?

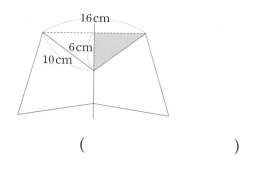

(   )

08 점 ㅇ을 대칭의 중심으로 하는 점대칭도형입니다. 도형의 넓이를 구해 보세요.

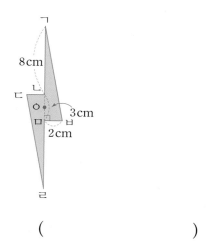

(   )

09 직사각형 모양의 종이를 삼각형 ㄱㅁㅂ과 삼각형 ㄷㅁㄹ이 서로 합동이 되도록 접었습니다. 직사각형 ㄱㄴㄷㄹ의 넓이는 몇 cm²일까요?

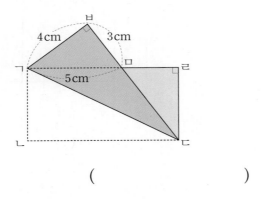

( )

10 직선 ㅁㅂ을 대칭축으로 하는 선대칭도형입니다. 각 ㄱㄹㄷ은 몇 도일까요?

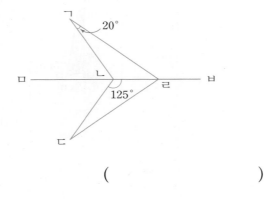

( )

11 다음은 점대칭도형입니다. 도형의 둘레는 몇 cm일까요?

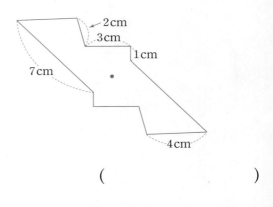

( )

12 직사각형 모양의 도화지를 다음과 같이 접었습니다. 각 ㅁㅂㄷ은 몇 도일까요?

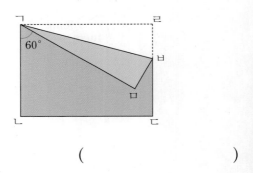

( )

4

소수의 곱셈

개념 알기

개념 1 (소수)×(자연수), (자연수)×(소수)를 알아보기

(1) (소수)×(자연수)에 대해 알아봅시다.

예 1.2×4의 계산

방법1 덧셈식으로 계산하기

$$1.2×4=\underbrace{1.2+1.2+1.2+1.2}_{4번}=4.8$$

방법2 0.1의 개수로 계산하기

1.2는 0.1이 12개입니다.

1.2×4는 0.1이 12개씩 4묶음으로 0.1이 모두 48개이므로

1.2×4=4.8입니다.

방법3 분수의 곱셈으로 계산하기

$$1.2×4=\frac{12}{10}×4=\frac{12×4}{10}=\frac{48}{10}=4.8$$

(2) (자연수)×(소수)에 대해 알아봅시다.

예 2×1.7의 계산

방법1 분수의 곱셈으로 계산하기

$$2×1.7=2×\frac{17}{10}=\frac{2×17}{10}=\frac{34}{10}=3.4$$

방법2 자연수의 곱셈으로 계산하기

$$2 × ⑰ = ㉞$$
$$\quad\downarrow\tfrac{1}{10}배\quad\quad\downarrow\tfrac{1}{10}배$$
$$2 × ①.⑦ = ③.④$$

▶ 1.2×4를 자연수의 곱셈으로 계산하기

$$⑫ × 4 = ㊽$$
$$\downarrow\tfrac{1}{10}배\quad\quad\downarrow\tfrac{1}{10}배$$
$$①.② × 4 = ④.⑧$$

곱해지는 수가 $\frac{1}{10}$배가 되면 계산 결과도 $\frac{1}{10}$배가 됩니다.

▶ (자연수)×(소수)에서 곱하는 수에 따른 크기 비교

① (자연수)×(1보다 작은 소수)의 계산 결과는 처음 자연수보다 작습니다.

$$3×0.7=2.1$$
$$\quad\quad\underset{3>2.1}{\underline{\quad\quad\quad}}$$

② (자연수)×(1보다 큰 소수)의 계산 결과는 처음 자연수보다 큽니다.

$$3×1.7=5.1$$
$$\quad\quad\underset{3<5.1}{\underline{\quad\quad\quad}}$$

---

1 우유를 지우는 0.4 L, 동생은 0.2 L씩 매일 마십니다. 지우와 동생이 일주일 동안 마시는 우유는 모두 몇 L일까요?

(   )

2 계산 결과가 15보다 큰 것을 모두 골라 기호를 써 보세요.

㉠ 15×0.9   ㉡ 15×1.3   ㉢ 15×0.78   ㉣ 15×0.05   ㉤ 15×2.8

(   )

응용 1 자전거로 1시간 동안 6 km를 갈 수 있습니다. 같은 빠르기로 2시간 30분 동안 자전거로 갈 수 있는 거리는 몇 km일까요?

⚠ 1분=$\dfrac{1}{60}$시간이므로 ★분=$\dfrac{★}{60}$시간입니다.

풀이 2시간 30분=2$\dfrac{\boxed{}}{60}$시간=2$\dfrac{\boxed{}}{2}$시간이므로 소수로 나타내면 $\boxed{}$시간입니다.

따라서 2시간 30분 동안 자전거로 갈 수 있는 거리는 6×$\boxed{}$=$\boxed{}$(km)입니다.

1 정호는 일정한 빠르기로 한 시간에 3 km를 걷습니다. 같은 빠르기로 1시간 36분 동안 걷는 거리는 몇 km일까요?

(   )

2 연아는 하루에 1시간 30분씩 매일 스케이트 연습을 했습니다. 3월과 4월 두 달 동안 연아가 스케이트 연습을 한 시간은 모두 몇 시간 몇 분일까요?

(   )

3 1분에 5 L의 물이 나오는 가 수도에서 3분 45초 동안 물을 받고, 1분에 8 L의 물이 나오는 나 수도에서 4분 15초 동안 물을 받았습니다. 두 수도에서 받은 물은 모두 몇 L일까요?

(   )

개념 **2** (소수)×(소수)를 알아보기

(소수)×(소수)에 대해 알아봅시다.

예 1.2×2.8의 계산

방법1 분수의 곱셈으로 계산하기

$$1.2 \times 2.8 = \frac{12}{10} \times \frac{28}{10} = \frac{336}{100} = 3.36$$

방법2 자연수의 곱셈으로 계산하기

$$(12) \times (28) = (336)$$

$\frac{1}{10}$배 $\frac{1}{10}$배 $\frac{1}{100}$배

$$(1.2) \times (2.8) = (3.36)$$

방법3 소수의 크기를 생각하여 계산하기

12×28=336인데 1.2에 2.8을 곱하면 1.2의 3배인 3.6보다 작아야 하므로 계산 결과는 3.36입니다.

$$\begin{array}{r} 1\ 2 \\ \times\ 2\ 8 \\ \hline 3\ 3\ 6 \end{array}$$ ➡ $$\begin{array}{r} 1\,.\,2 \\ \times\ 2\,.\,8 \\ \hline 3\,.\,3\ 6 \end{array}$$

자연수처럼 생각하고   소수의 크기를 생각하여
계산합니다.   소수점을 적습니다.

▶ (소수)×(소수)의 계산
① 자연수의 곱셈과 같이 계산합니다.
② 곱의 소수점 아래 자리 수는 곱하는 두 소수의 소수점 아래 자리 수의 합과 같습니다.

1 빵가루 한 봉지는 0.9 kg입니다. 그중 0.85만큼이 탄수화물 성분일 때 탄수화물 성분은 몇 kg일까요?

(   )

2 어림하여 곱의 결과가 5보다 작은 것을 찾아 기호를 써 보세요.

㉠ 3.7×2.3   ㉡ 2.5×2.5   ㉢ 2.7의 1.8배   ㉣ 7.1의 0.8배

(   )

3 ☐ 안에 들어갈 수 있는 가장 큰 자연수를 구해 보세요.

$$\boxed{} < 6.8 \times 1.4$$

(   )

개념 **응용하기**

응용 2

수 카드 2 , 4 , 6 , 8 을 한 번씩 모두 사용하여 다음과 같은 곱셈식을 만들려고 합니다. 곱이 가장 클 때의 곱을 구해 보세요.

$$□.□×□.□$$

(!)
- 곱이 가장 큰 곱셈식 → 가장 높은 자리에 가장 큰 수와 두 번째로 큰 수 놓기
- 곱이 가장 작은 곱셈식 → 가장 높은 자리에 가장 작은 수와 두 번째로 작은 수 놓기

풀이 곱이 가장 큰 곱셈식을 만들기 위해 일의 자리에 놓아야 하는 두 수는 각각 □ , □ 입니다.

□.4 × □.2 = □□□□ , □.2 × □.4 = □□□□ 이므로 곱이 가장 큰 곱셈식의 곱은 □□□ 입니다.

1 수 카드 1 , 3 , 7 , 9 를 한 번씩 모두 사용하여 다음과 같은 곱셈식을 만들려고 합니다. 곱이 가장 작을 때의 곱을 구해 보세요.

$$□.□×□.□$$

( )

2 수 카드 2 , 3 , 5 , 8 을 한 번씩 모두 사용하여 다음과 같은 곱셈식을 만들려고 합니다. 곱이 가장 작을 때의 곱을 구해 보세요.

$$0.□□×0.□□$$

( )

3 다음 5장의 수 카드를 한 번씩 모두 사용하여 곱셈식을 만들려고 합니다. (소수 두 자리 수)×(소수 한 자리 수)의 곱이 가장 클 때의 곱을 구해 보세요.

3 7 4 1 9

( )

개념 알기

개념 3 곱의 소수점 위치를 알아보기

(1) 자연수와 소수의 곱셈에서 곱의 소수점 위치의 규칙에 대해 알아봅시다.

① 곱하는 수의 0이 하나씩 늘어날 때마다 곱의 소수점이 오른쪽으로 한 칸씩 옮겨집니다.

② 곱하는 소수의 소수점 아래 자리 수가 하나씩 늘어날 때마다 곱의 소수점이 왼쪽으로 한 칸씩 옮겨집니다.

(2) 소수끼리의 곱셈에서 곱의 소수점 위치의 규칙에 대해 알아봅시다.

곱하는 두 수의 소수점 아래 자리 수를 더한 것과 곱의 소수점 아래 자리 수가 같습니다.

$$3.18 \times 10 = 31.8$$
$$3.18 \times 100 = 318$$
$$3.18 \times 1000 = 3180$$

$$6570 \times 0.1 = 657.0$$
$$6570 \times 0.01 = 65.70$$
$$6570 \times 0.001 = 6.570$$

$$0.6 \times 1.3 = 0.78$$
$$0.6 \times 0.13 = 0.078$$
$$0.06 \times 0.13 = 0.0078$$

▶ 계산식에서 규칙찾기

$$7 \times 6 = 42$$
$$0.7 \times 0.6 = 0.42$$
$$0.7 \times 0.06 = 0.042$$
$$0.07 \times 0.06 = 0.0042$$

곱의 소수점 위치는 곱하는 두 소수의 소수점 아래 자리 수에 따라 달라집니다.

자연수끼리 계산한 결과에 곱하는 두 수의 소수점 아래 자리 수를 더한 것만큼 소수점을 왼쪽으로 옮겨 표시해 주면 됩니다.

1 계산 결과가 <u>다른</u> 하나를 찾아 기호를 써 보세요.

> ㉠ 86의 0.1배   ㉡ 860의 0.01배   ㉢ 0.86×100

( )

2 $213 \times 39 = 8307$입니다. 2.13×3.9의 값을 어림하여 결괏값에 소수점을 찍고, 그 이유를 써 보세요.

$$2.13 \times 3.9 = 8307$$

이유

3 어떤 수에 100을 곱해야 할 것을 잘못하여 0.01을 곱하였더니 0.745가 되었습니다. 바르게 계산하면 얼마일까요?

( )

개념 응용하기

응용 3 민수가 계산기로 0.34 × 0.5를 계산하려고 두 수를 눌렀는데 수 하나의 소수점 위치를 잘못 눌러서 1.7이라는 결과가 나왔습니다. 민수가 계산기에 누른 두 수를 구해 보세요.

⚠ 곱하는 두 수의 소수점 아래 자리 수를 더한 것과 결괏값의 소수점 아래 자리 수가 같습니다.

풀이 $0.34 × 0.5 =$ ☐ 이어야 하는데 잘못 눌러서 1.7이 나왔으므로 ☐ 와 0.5를 눌렀거나 0.34와 ☐ 를 누른 것입니다.

1 계산기로 0.85 × 0.6을 계산하려고 두 수를 눌렀는데 수 하나의 소수점 위치를 잘못 눌러서 5.1이라는 결과가 나왔습니다. 계산기에 누른 두 수를 구해 보세요.

(   ), (   )

2 계산기로 0.7 × 1.23을 계산하려고 하는데 실수로 1.23의 소수점을 누르지 않아 86.1이 되었습니다. 바르게 계산한 결과를 구해 보세요.

(   )

3 계산기로 4.5 × 7.4를 계산하려고 하는데 실수로 소수점을 모두 누르지 않아 3330이 나왔습니다. 바르게 계산한 결과를 구해 보세요.

(   )

01 계산 결과가 가장 작은 것을 찾아 기호를 써 보세요.

> ㉠ 8.13 × 100   ㉡ 0.813 × 10
> ㉢ 813 × 0.1   ㉣ 8130 × 0.01

(   )

02 보리를 10 g에 30.5원씩 받고 팔고 있습니다. 보리를 600 g 사려면 얼마를 내야 할까요?

(   )

03 마트에서 2 L들이 세탁 세제를 한 통 사면 한 통의 0.4배만큼을 더 주는 행사를 하고 있습니다. 이 세탁 세제를 6통 사면 모두 몇 L만큼 사는 셈일까요?

(   )

04 한 변의 길이가 16.3 cm인 정팔각형의 둘레는 몇 cm일까요?

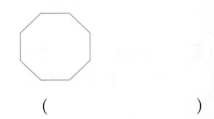

(   )

05 태국의 화폐 단위는 바트(THB)입니다. 은행에서 태국 돈으로 8000바트만큼 환전하려고 합니다. 이날 1바트의 가격이 36.99원일 때 우리나라 돈으로 얼마를 내야 할까요? (단, 환전할 때 생기는 수수료는 생각하지 않습니다.)

( )

07 우리집 강아지가 하루에 먹는 사료의 양은 0.3 kg입니다. 강아지가 3월 한 달 동안 먹을 사료를 준비하려면 한 포에 2 kg짜리 사료를 적어도 몇 포 사야 할까요?

( )

06 8315에 어떤 수를 곱했더니 8.315가 되었습니다. 20.7에 어떤 수를 곱한 값은 얼마인지 구해 보세요.

( )

08 어느 빵집에 0.083 kg짜리 빵 10개와 8.5 g짜리 초콜릿 100개가 있습니다. 빵 10개와 초콜릿 100개 중 어느 것이 더 무거운지 구해 보세요.

( )

01 유진이네 아파트에서 다음과 같은 주차장의 가로와 세로를 각각 1.5배씩 늘려 새로운 주차장을 만들었습니다. 처음보다 늘어난 주차장의 넓이는 몇 m² 더 넓을까요?

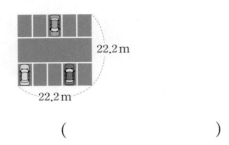

(   )

02 원 모양 호수의 둘레에 0.15 km 간격으로 가로등을 설치하였습니다. 가로등을 모두 25개 설치하였다면 호수의 둘레는 몇 km일까요?

(   )

03 한 시간에 60 km를 달리는 자동차가 있습니다. 이 자동차가 1 km를 달리는 데 0.12 L의 휘발유가 필요하다면 같은 빠르기로 3시간 45분 동안 달리는 데 필요한 휘발유는 몇 L일까요?

(   )

04 지수의 몸무게는 언니 몸무게의 0.8배이고, 오빠의 몸무게는 지수 몸무게의 1.5배보다 5 kg 더 무겁습니다. 언니의 몸무게가 48 kg이라면 오빠의 몸무게는 몇 kg일까요?

(   )

05 밀가루 3 kg의 가격표가 다음과 같이 찢어져 있을 때 1000원짜리 지폐가 최소 몇 장 있어야 밀가루 3 kg을 살 수 있을까요?

( )

06 다음을 보고 지구에서 민호의 몸무게가 46 kg일 때 금성과 수성에서 잰 민호의 몸무게의 차는 몇 kg일까요?

> • 금성에서 잰 몸무게는 지구에서 잰 몸무게의 약 0.91배입니다.
> • 수성에서 잰 몸무게는 지구에서 잰 몸무게의 약 0.38배입니다.

( )

07 4장의 수 카드 6 , 0 , 9 , 5 중 3장을 골라 한 번씩 모두 사용하여 소수 두 자리 수를 만들려고 합니다. 만들 수 있는 가장 큰 수와 가장 작은 수의 곱은 얼마일까요?

( )

08 딸기 한 상자를 열어 보니 전체의 0.15가 물러 있어서 무른 것은 모두 버렸습니다. 무르지 않은 딸기의 0.3만큼은 먹고 나머지를 냉장고에 넣었습니다. 한 상자에 딸기가 4 kg 들어 있었다면 냉장고에 넣은 딸기는 몇 g일까요?

( )

01 그림과 같이 길이가 12.5 cm인 색 테이프 21 장을 1.25 cm씩 겹치게 한 줄로 이어 붙였습니다. 이어 붙인 색 테이프의 전체 길이는 몇 cm일까요?

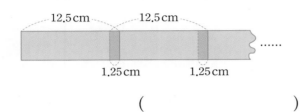

( )

02 소리는 공기 중에서 1초에 0.34 km를 갑니다. 번개가 번쩍인 후 천둥소리가 나중에 들리는 이유는 빛이 소리보다 약 90만 배 빠르기 때문입니다. 어느 날 번개를 보고 7초 후에 천둥소리를 들었다면 천둥소리를 들은 곳은 번개가 친 곳에서 몇 m 떨어져 있을까요?

( )

03 전기차 회사에서 이번 달 목표 판매량을 지난 달보다 0.4배만큼 늘이기로 하였습니다. 지난 달 판매량이 6500대이고 이번 달 첫날부터 오늘까지 지난달 판매량의 0.8배만큼 팔았다면 이번 달 전기차를 몇 대 더 팔아야 이번 달의 목표 판매량을 채울 수 있을까요?

( )

04 하나는 한 시간에 3.2 km를 걷고, 두나는 한 시간에 4 km를 걷습니다. 하나와 두나가 곧은 도로의 양 끝에서 서로 마주 보고 동시에 출발하여 쉬지 않고 걸으면 2시간 15분 후에 만난다고 합니다. 도로의 길이는 몇 km일까요?

( )

05 다음을 보고 0.8을 50번 곱했을 때 곱의 소수 50번째 자리 숫자를 구해 보세요.

$$0.8 = 0.8$$
$$0.8 \times 0.8 = 0.64$$
$$0.8 \times 0.8 \times 0.8 = 0.512$$
$$0.8 \times 0.8 \times 0.8 \times 0.8 = 0.4096$$
$$0.8 \times 0.8 \times 0.8 \times 0.8 \times 0.8 = 0.32768$$
$$0.8 \times 0.8 \times 0.8 \times 0.8 \times 0.8 \times 0.8 = 0.262144$$
$$\vdots$$

(   )

06 이번 달 워터파크의 입장료가 지난달보다 0.3배 올랐습니다. 이번 달부터 매주 수요일에는 입장료의 0.25만큼 할인해 준다면 이번 주 수요일의 입장료는 지난달 입장료의 몇 배일까요?

(   )

07 올리브유 1.7 L가 들어 있는 병의 무게를 재어 보니 2.52 kg이었습니다. 올리브유를 200 mL 사용한 다음 다시 무게를 재어 보니 2.34 kg이었다면 빈 병의 무게는 몇 kg일까요?

(   )

08 떨어진 높이의 0.6만큼 튀어 오르는 공이 있습니다. 이 공을 180 cm 높이에서 떨어뜨렸을 때 공이 세 번째로 튀어 오른 높이는 몇 cm일까요?

(   )

01 한 장의 두께가 0.12 cm인 우드락을 반으로 잘라 겹쳐 놓고 다시 그것을 반으로 잘라 겹쳐 놓는 것을 반복하였습니다. 우드락 한 장을 5번 잘라 겹쳐 놓으면 전체 두께는 몇 mm가 될까요?

( )

02 지구의 반지름을 1로 보았을 때 화성의 반지름은 0.5이고, 목성의 반지름은 11.2입니다. 지구의 반지름이 6400 km이면 화성의 반지름과 목성의 반지름의 합은 몇 km일까요?

( )

03 1분에 17.5 L의 물을 받을 수 있는 수도꼭지와 1분에 1.2 L의 물을 빼낼 수 있는 수도꼭지가 연결된 통이 있습니다. 통에 처음 50 L의 물이 들어 있었다면 두 수도꼭지를 동시에 튼지 8분 12초 후에 통에 담겨 있는 물은 몇 L일까요? (단, 통의 물은 넘치지 않았습니다.)

( )

04 그림과 같이 공을 6 m의 높이에서 떨어뜨렸습니다. 이 공은 떨어진 높이의 0.65배만큼 튀어 오르는데 그림과 같이 도중에 계단 위로 튀어 올라갔습니다. 두 번째로 튀어 올랐을 때 공과 계단 사이의 거리는 몇 m일까요?

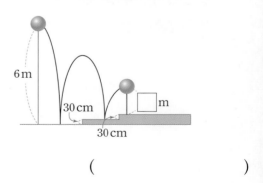

( )

05 A1 용지의 긴 변을 반으로 접어 자르면 A2 용지가 되고, A2 용지의 긴 변을 반으로 접어 자르면 A3 용지가 되고, A3 용지의 긴 변을 반으로 접어 자르면 A4 용지가 됩니다. A4 용지의 긴 변의 길이는 29.7 cm이고, 짧은 변의 길이는 21 cm입니다. A2 용지의 넓이는 몇 cm²일까요?

```
┌──────────┬──────┬──┬──┐
│          │      │A5│A6│
│          │  A3  │  ├──┤
│          │      │  │A6│
│    A1    ├──────┴──┴──┤
│          │            │
│          │    A4      │
│          ├────────────┤
│          │            │
│          │    A2      │
└──────────┴────────────┘
```

(   )

06 어느 리조트의 미니관광열차가 1분에 62 m를 갑니다. 같은 빠르기로 달려 이 열차가 80 m인 다리를 완전히 통과하는 데 1분 51초가 걸렸습니다. 이 열차가 213.3 m 길이의 다리를 완전히 건너는 데 몇 분이 걸릴까요?

(   )

07 직사각형 ㄱㄴㄷㄹ에서 색칠한 부분의 넓이는 몇 cm²일까요?

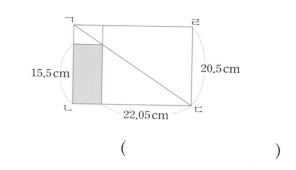

(   )

08 연못에 ㉮ 막대와 ㉯ 막대를 바닥까지 각각 수직으로 넣었더니 ㉮ 막대는 전체의 0.8만큼 잠겼고, ㉯ 막대는 전체의 0.6만큼 잠겼습니다. 두 막대의 길이의 차가 1.1 m일 때, 연못의 깊이는 몇 m일까요? (단, 연못의 깊이는 일정합니다.)

(   )

01 □ 안에 들어갈 수 있는 자연수는 모두 몇 개
일까요?

$$4.25 \times 1.6 < □ < 2.8 \times 3.9$$

(   )

02 어떤 수에 5를 곱해야 할 것을 잘못하여 0.05
를 곱했습니다. 바르게 계산한 값은 잘못 계산
한 값의 몇 배일까요?

(   )

03 0.7을 35번 곱했을 때 곱의 소수 35째 자리
숫자를 구해 보세요.

(   )

04 사람들이 육식을 많이 하게 되면서 소를 키우
기 위해 매년 우리나라 크기 정도의 숲을 목초
지로 바꾸고 있습니다. 숲이 줄어들면 대기 중
의 이산화탄소가 늘어나 지구온난화가 심해질
수 밖에 없습니다. 햄버거 1개에 쓰이는 소고
기 100 g을 얻기 위해 숲 1.5평 정도가 사라
지는 셈이라고 합니다. 햄버거 80개에 들어가
는 소고기를 얻는 과정에서 사라지는 숲은 약
몇 m²일까요? (단, 1평은 약 3.3 m²입니다.)

약 (   )

05 어떤 직사각형을 가로는 처음 가로의 3.6배가 되도록 늘리고 세로는 처음 세로의 0.25배만큼을 줄여서 새로운 직사각형을 만들었습니다. 새로 만든 직사각형의 넓이는 처음 직사각형의 넓이의 몇 배일까요?

(   )

06 도로 양쪽에 0.15 km의 간격으로 가로등을 모두 60개 세웠습니다. 가로등을 도로의 처음부터 끝까지 세웠을 때 가로등을 세운 도로 한쪽의 길이는 몇 km일까요? (단, 가로등의 두께는 생각하지 않습니다.)

(   )

07 기온은 대기의 온도를 말합니다. 기온은 시간과 장소에 따라 달라지는데 높은 산 정상은 지표면보다 기온이 낮습니다. 지표면에서 약 10 km 높이까지는 대류권에 속하는데 대류권 안에서는 높이가 1 km씩 높아질 때마다 약 6 ℃씩 낮아집니다. 지표면에서의 기온이 27.5 ℃일 때 높이가 1950 m인 산 정상에서의 기온은 약 몇 ℃일까요?

약 (   )

08 정우네 가족은 집에서 출발하여 자동차로 한 시간에 78.5 km를 가는 빠르기로 2시간 12분 동안 달려 농촌체험마을에 도착했습니다. 정우네 자동차는 1 km를 달리는 데 휘발유를 0.06 L 사용합니다. 출발하기 전 자동차에 들어있던 휘발유가 19.5 L였다면 농촌체험마을에 도착한 후 남은 휘발유는 몇 L일까요?

(   )

09 소리는 기온이 15 ℃일 때 공기 중에서 1초에 340 m를 가고 기온이 1 ℃ 올라갈 때마다 그 빠르기는 1초에 0.6 m씩 증가한다고 합니다. 연수는 번개가 치고 난 다음 5초 후에 천둥 소리를 들었다면 연수가 있는 곳은 번개가 친 곳에서 몇 m 떨어져 있을까요? (단, 기온은 28 ℃입니다.)

( )

10 길이가 같은 색 테이프 10장을 0.05 m씩 겹치게 한 줄로 길게 이어 붙였더니 이어 붙인 색 테이프 전체의 길이는 2.35 m가 되었습니다. 색 테이프 한 장의 길이는 몇 cm일까요?

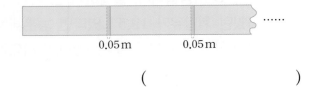

( )

11 떨어진 높이의 0.6만큼 튀어 오르는 공이 있습니다. 이 공을 다음과 같은 계단 위 5.5 m 높이에서 떨어뜨렸을 때 공이 세 번째로 튀어 올랐습니다. 공이 세 번째로 튀어 오른 높이는 몇 m일까요?

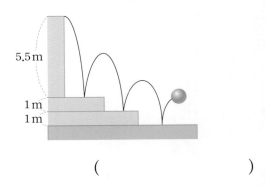

( )

12 철인 3종 경기는 수영, 사이클, 마라톤의 세 종목을 휴식 없이 연이어 실시하는 경기입니다. 철인 3종 경기에 참가한 한 선수의 종목간 이동 기록을 제외한 총 기록이 2시간 18분이었습니다. 이 선수의 다음 기록을 보고 수영, 사이클, 마라톤을 한 거리는 모두 몇 km일까요?

종목	수영	사이클	마라톤
한 시간 동안 간 거리(km)	3.75	40	12.5
걸린 시간(분)	36		72

( )

5 직육면체

개념 알기

개념 1 직육면체와 정육면체를 알아보기

(1) 직육면체와 정육면체에 대해 알아봅시다.
- 직육면체: 직사각형 6개로 둘러싸인 도형
- 정육면체: 정사각형 6개로 둘러싸인 도형
- 직육면체와 정육면체의 구성 요소

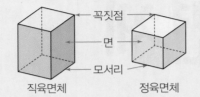

① 면: 선분으로 둘러싸인 부분
② 모서리: 면과 면이 만나는 선분
③ 꼭짓점: 모서리와 모서리가 만나는 점

(2) 직육면체의 성질에 대해 알아봅시다.
- 직육면체의 밑면: 서로 평행한 두 면
  ➡ 평행한 면이 3쌍 있고 이 평행한 면은 각각 밑면이 될 수 있습니다.
- 직육면체의 옆면: 밑면과 수직인 면

예 면 ㄱㄴㄷㄹ과 면 ㄴㅂㅁㄱ,
면 ㄴㅂㅅㄷ, 면 ㄷㅅㅇㄹ,
면 ㄱㅁㅇㄹ은 수직입니다.

 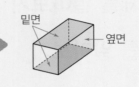

직육면체와 정육면체의 공통점과 차이점

• 공통점

	직육면체	정육면체
면의 수(개)	6	6
모서리의 수(개)	12	12
꼭짓점의 수(개)	8	8

• 차이점

	직육면체	정육면체
면의 모양	직사각형	정사각형
모서리의 길이	길이가 같은 모서리가 4개씩 3종류	모두 같음

직육면체와 정육면체의 관계
정사각형은 직사각형이라고 할 수 있으므로 정육면체는 직육면체라고 할 수 있습니다.

---

1 직육면체를 모두 찾아 기호를 써 보세요.

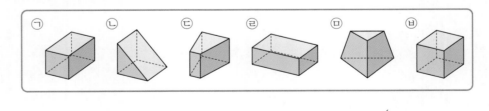

(   )

2 정육면체의 모서리의 길이의 합이 72 cm일 때 한 모서리의 길이는 몇 cm인지 구해 보세요.

(   )

응용 1

직육면체 모양의 상자에 오른쪽과 같이 색 테이프를 붙였습니다. 붙인 색 테이프 전체의 길이는 몇 cm인지 구해 보세요.

6 cm
4 cm 2 cm

⚠ (면을 가로지르는 색 테이프의 길이)=(평행한 모서리의 길이)

풀이 색 테이프의 길이가 4 cm인 부분이 ☐ 군데, 2 cm인 부분이 ☐ 군데, 6 cm인 부분이 부분이 ☐ 군데 있습니다.

따라서 붙인 색 테이프 전체의 길이는 4 × ☐ + 2 × ☐ + 6 × ☐ = ☐ (cm)입니다.

1 직육면체 모양의 상자에 오른쪽과 같이 색 테이프를 붙였습니다. 사용한 색 테이프의 길이는 최소한 몇 cm인지 구해 보세요.

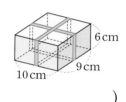

6 cm
10 cm 9 cm

(   )

2 한 모서리의 길이가 15 cm인 정육면체 모양의 상자를 오른쪽과 같이 색 테이프로 두르고 매듭을 묶었습니다. 사용한 색 테이프의 길이가 모두 160 cm일 때, 매듭을 묶는 데 사용한 색 테이프의 길이는 몇 cm인지 구해 보세요.

(   )

개념 알기

개념 2   직육면체의 겨냥도를 알아보기

(1) 직육면체의 겨냥도에 대해 알아봅시다.

- 직육면체의 겨냥도: 직육면체의 모양을 잘 알 수 있도록 나타낸 그림
- 겨냥도에서는 보이는 모서리는 실선으로, 보이지 않는 모서리는 점선으로 그립니다.

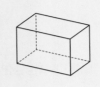

▶ 직육면체의 겨냥도에는 6개의 면, 12개의 모서리, 8개의 꼭짓점을 모두 나타낼 수 있습니다.

▶ 마주 보는 모서리끼리 평행하게 그립니다.

(2) 직육면체의 겨냥도에서 면, 모서리, 꼭짓점의 수

면의 수(개)		모서리의 수(개)		꼭짓점의 수(개)	
보이는 면	보이지 않는 면	보이는 모서리	보이지 않는 모서리	보이는 꼭짓점	보이지 않는 꼭짓점
3	3	9	3	7	1

▶ 직육면체의 겨냥도에서 보이지 않는 모서리 3개는 보이지 않는 꼭짓점에서 만납니다.

1   직육면체의 겨냥도에서 나타내는 수가 나머지와 <u>다른</u> 하나를 찾아 기호를 써 보세요.

> ㉠ 보이는 면의 수   ㉡ 보이지 않는 면의 수
> ㉢ 보이는 모서리의 수   ㉣ 보이지 않는 모서리의 수

(   )

2   직육면체에서 보이지 않는 모서리의 길이의 합은 몇 cm인지 구해 보세요.

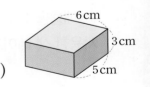

(   )

3   정육면체의 겨냥도에서 보이는 모서리의 길이의 합이 54 cm입니다. 이 정육면체의 한 모서리의 길이는 몇 cm인지 구해 보세요.

(   )

개념 응용하기

응용 **2** 직육면체를 앞과 옆에서 본 모양입니다. 이 직육면체를 위에서 본 모양의 둘레는 몇 cm인지 구해 보세요.

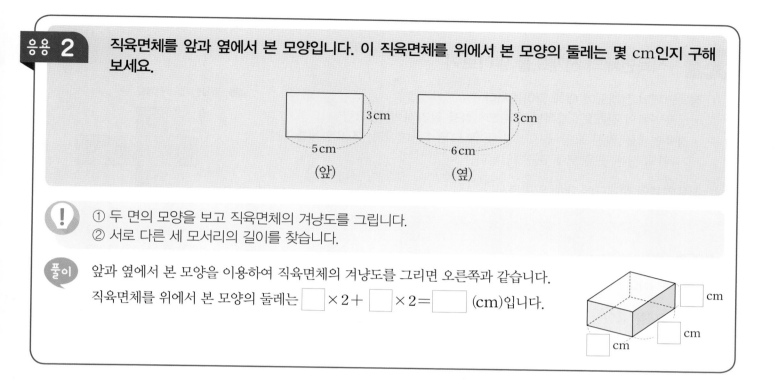

(앞)   (옆)

! ① 두 면의 모양을 보고 직육면체의 겨냥도를 그립니다.
② 서로 다른 세 모서리의 길이를 찾습니다.

풀이 앞과 옆에서 본 모양을 이용하여 직육면체의 겨냥도를 그리면 오른쪽과 같습니다.
직육면체를 위에서 본 모양의 둘레는 □ × 2 + □ × 2 = □ (cm)입니다.

1 직육면체를 위와 앞에서 본 모양입니다. 이 직육면체를 옆에서 본 모양의 둘레는 몇 cm인지 구해 보세요.

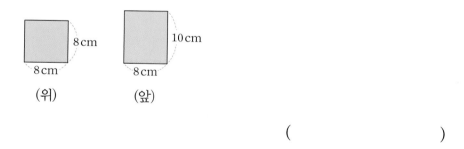

(위)   (앞)

(   )

2 다음과 같은 두 직사각형 모양의 종이가 각각 2장씩 있습니다. 모양이 같은 종이 2장을 더 사용하여 직육면체 모양의 상자를 만든다면 만든 상자의 모든 모서리의 길이의 합은 몇 cm인지 구해 보세요.

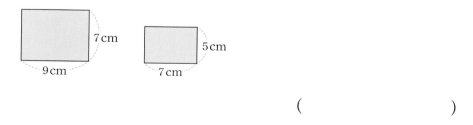

(   )

개념 알기

개념 3 직육면체의 전개도를 알아보기

(1) 정육면체의 전개도에 대해 알아봅시다.
- 정육면체의 전개도: 정육면체의 모서리를 잘라서 펼친 그림
- 정육면체를 펼친 모양에서 잘린 곳은 모두 7군데이고, 정육면체를 만들기 위해 접는 곳은 모두 5군데입니다.

(2) 직육면체의 전개도에 대해 알아봅시다.

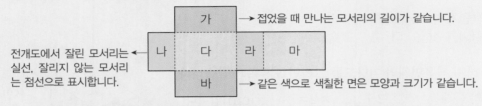

전개도에서 잘린 모서리는 실선, 잘리지 않는 모서리는 점선으로 표시합니다.

→ 접었을 때 만나는 모서리의 길이가 같습니다.

→ 같은 색으로 색칠한 면은 모양과 크기가 같습니다.

- 전개도를 접었을 때 면 가와 면 바, 면 나와 면 라, 면 다와 면 마는 서로 평행합니다.
- 전개도를 접었을 때 한 꼭짓점에서 만나는 모서리는 모두 3개입니다.
- 전개도를 접었을 때 한 꼭짓점에서 만나는 면은 모두 3개입니다.
- 전개도를 접었을 때 면 다와 수직인 면은 면 가와, 면 나, 면 바, 면 라입니다.

■ 정육면체의 전개도

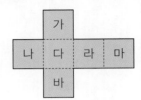

- 접었을 때 평행한 면: 면 가와 면 바, 면 나와 면 라, 면 다와 면 마
- 접었을 때 면 가와 수직인 면: 면 나, 면 다, 면 라, 면 마

■ 전개도를 바르게 그렸는지 확인하는 방법
- 접었을 때 마주 보는 면 3쌍의 모양과 크기가 같은지 확인합니다.
- 접었을 때 겹치는 면이 없는지 확인합니다.
- 접었을 때 서로 만나는 모서리의 길이가 같은지 확인합니다.

---

1 오른쪽 전개도를 접어서 직육면체를 만들었을 때 면 나와 만나지 않는 면을 찾아 써 보세요.

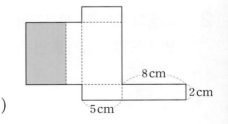

(   )

2 직육면체의 전개도에서 색칠한 면의 둘레는 몇 cm인지 구해 보세요.

(   )

3 정육면체의 전개도를 모두 찾아 ○표 해 보세요.

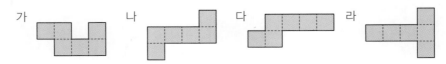

가   나   다   라

개념 응용하기

응용 3 왼쪽과 같이 직육면체의 면에 선을 그었습니다. 겨냥도를 보고 전개도에 선분을 그려 넣으세요.

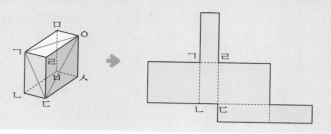

(!) 전개도를 접었을 때 만나는 점을 찾아 선분을 긋습니다.

풀이 전개도를 접었을 때 만나는 점을 전개도에 같은 기호로 표시합니다.
겨냥도에 그려진 선분 ㄱㅇ, 선분 ㄱㄷ, 선분 ㄷㅇ을 전개도에 긋습니다.

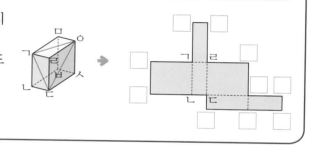

1 왼쪽과 같이 정육면체의 면에 선을 그었습니다. 겨냥도를 보고 전개도에 선분을 그려 넣으세요.

2 왼쪽 전개도를 접어 오른쪽 직육면체를 만들었습니다. 전개도를 보고 겨냥도에 선분을 그려 넣으세요.

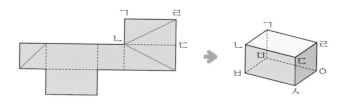

01 다음 설명 중 옳지 않은 것을 모두 찾아 기호를 써 보세요.

> ㉠ 직육면체의 면은 모두 정사각형입니다.
> ㉡ 정육면체는 직육면체라고 할 수 있습니다.
> ㉢ 직육면체는 정육면체라고 할 수 있습니다.
> ㉣ 직육면체와 정육면체의 꼭짓점의 수는 같습니다.

(   )

02 오른쪽 직육면체의 모서리를 잘라서 직육면체의 전개도를 그린 것입니다. ☐ 안에 알맞은 기호를 써넣으세요.

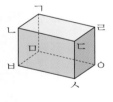

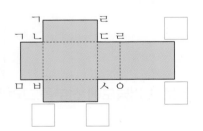

03 전개도를 접어서 정육면체를 만들었습니다. 면 나와 마주 보는 면과 점 ㄹ과 만나는 점을 각각 모두 찾아 써 보세요.

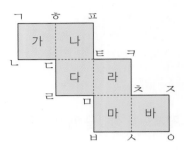

면 나와 마주 보는 면: (   )
점 ㄹ과 만나는 점: (   )

04 정육면체에서 보이지 않는 모서리와 보이지 않는 꼭짓점의 수의 차는 몇 개인지 구해 보세요.

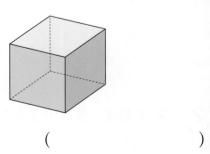

(   )

05 직육면체에서 보이지 않는 모서리의 길이의 합은 몇 cm인지 구해 보세요.

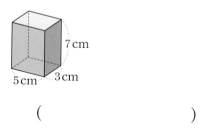

( )

06 직육면체에서 색칠한 두 면과 공통으로 수직인 면을 모두 찾아 써 보세요.

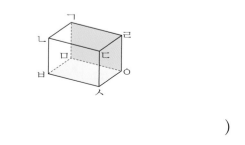

( )

07 직사각형 ㄱㄴㄷㄹ의 넓이는 몇 cm²인지 구해 보세요.

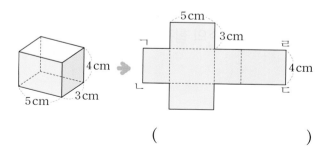

( )

08 모든 모서리의 길이의 합이 96 cm인 정육면체가 있습니다. 이 정육면체의 모든 면의 넓이의 합은 몇 cm²인지 구해 보세요.

( )

01 오른쪽 주사위의 마주 보는 면에 있는 눈의 수를 합하면 7입니다. 3의 눈이 그려진 면과 수직인 면의 눈의 수의 합은 얼마인지 구해 보세요.

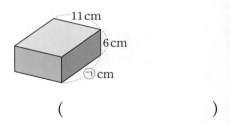

( )

02 직육면체를 앞, 위, 옆에서 본 모양입니다. □ 안에 알맞은 수를 써넣으세요.

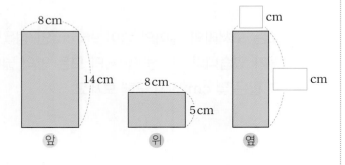

03 다음 직육면체의 모든 모서리의 길이의 합은 112 cm입니다. ㉠에 알맞은 수를 구해 보세요.

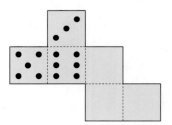

( )

04 정육면체 모양의 주사위에서 서로 마주 보는 면의 눈의 수의 합은 7입니다. 전개도의 빈 곳에 주사위의 눈을 알맞게 그려 넣으세요.

05 다음과 같이 직육면체 모양의 상자에 색 테이프를 붙였습니다. 붙인 색 테이프의 전체 길이는 몇 cm인지 구해 보세요.

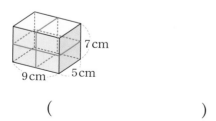

( )

06 직육면체에서 넓이가 가장 넓은 면이 밑면일 때, 옆면의 넓이의 합은 몇 cm²인지 구해 보세요.

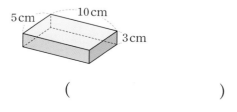

( )

07 큐브 퍼즐은 여러 개의 작은 정육면체로 이루어진 큰 정육면체를 한 줄씩 돌려서 면마다 같은 색깔이 되도록 맞추는 퍼즐입니다. 다음은 다 맞춘 큐브 퍼즐을 세 방향에서 본 것입니다. 노란색 면과 평행한 면의 색깔을 구해 보세요.

( )

08 직육면체의 모든 모서리의 길이의 합이 80 cm일 때 직육면체의 전개도의 둘레는 몇 cm인지 구해 보세요.

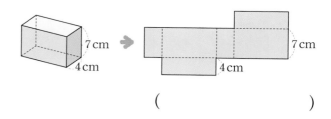

( )

01 전개도를 접어서 직육면체를 만들었을 때 색칠한 면과 수직인 면의 넓이의 합은 몇 cm²인지 구해 보세요.

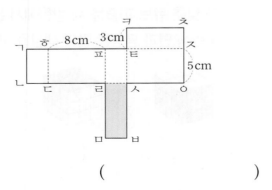

(   )

02 직육면체 모양의 선물 상자에 왼쪽과 같이 색 테이프를 붙였습니다. 직육면체의 전개도에 색 테이프가 지나가는 자리를 그려 넣으세요.

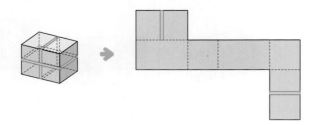

03 다음과 같은 주사위에는 1부터 6까지의 눈이 그려져 있습니다. 서로 평행한 두 면의 눈의 수의 합이 7일 때 ㉠에 올 수 있는 눈의 수를 모두 구해 보세요.

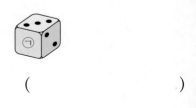

(   )

04 정육면체 모양의 상자를 다음과 같이 끈으로 묶었습니다. 끈을 모두 1 m 20 cm만큼 사용했다면 정육면체의 한 모서리의 길이는 몇 cm인지 구해 보세요. (단, 매듭의 길이는 생각하지 않습니다.)

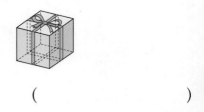

(   )

05 오른쪽과 같이 무늬(◆) 3개가 그려 져 있는 정육면체를 만들 수 있도록 다음 전개도에 무늬(◆) 1개를 그려 넣으세요.

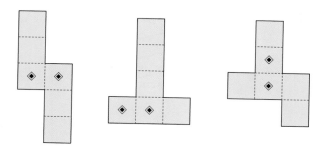

07 직육면체의 전개도의 둘레는 160 cm입니다. 선분 ㄱㄴ의 길이는 몇 cm인지 구해 보세요.

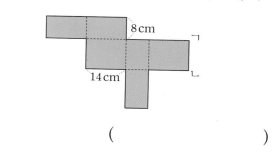

(   )

06 다음과 같이 가로가 26 cm, 세로가 20 cm인 직사각형 모양의 종이 위에 굵은 선으로 밑에 놓일 면의 가로가 9 cm인 직육면체의 전개도 를 겹쳐 놓았습니다. 이때, ㉠과 ㉡의 길이의 합은 몇 cm인지 구해 보세요.

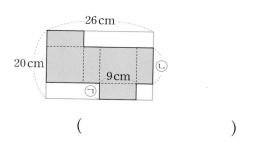

(   )

08 다음 직육면체 모양의 벽돌을 여러 장 쌓아서 만들 수 있는 가장 작은 정육면체를 만들려고 합니다. 이때 벽돌은 모두 몇 장 필요한지 구해 보세요.

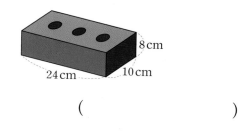

(   )

01 다음 직육면체의 전개도를 둘레가 가장 짧게 되도록 그릴 때 전개도의 둘레는 몇 cm인지 구해 보세요.

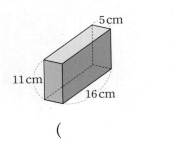

( )

02 왼쪽 그림과 같이 정육면체의 전개도에 선을 그렸습니다. 이 전개도를 접어서 만든 오른쪽 정육면체의 겨냥도에 선이 지나간 자리를 그려 넣으세요.

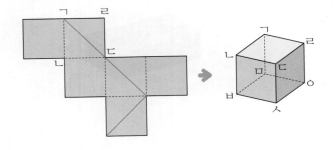

03 직육면체 모양의 상자를 다음과 같이 끈으로 묶으려고 합니다. 필요한 끈의 길이는 적어도 몇 cm인지 구해 보세요.

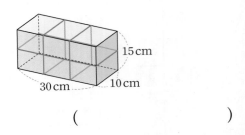

( )

04 여러 개의 직육면체가 있습니다. 모든 직육면체의 꼭짓점의 수와 면의 수의 합이 196개일 때 모든 직육면체의 모서리 수의 합은 몇 개인지 구해 보세요.

( )

05 왼쪽 그림과 같은 정육면체의 전개도 6개를 접어 붙여서 오른쪽 그림과 같은 직육면체 모양을 만들었습니다. 만든 직육면체의 앞에서 보이는 면과 마주 보는 면에 쓰인 6개의 수의 합이 68일 때 ㉠에 알맞은 수를 구해 보세요.

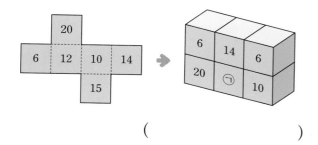

( )

06 쌓기나무는 정육면체 모양입니다. 일반적으로 쌓기나무 여러 개를 직육면체 모양의 상자에 포장하여 판매합니다. 직육면체 모양으로 쌓여 있는 쌓기나무의 수가 위에서 보았을 때 24개, 앞에서 보았을 때 12개, 옆에서 보았을 때 18개일 때, 전체 쌓기나무의 수는 몇 개인지 구해 보세요.

( )

07 하나와 두나는 똑같은 정육면체 모양의 쌓기나무 125개를 그림과 같이 쌓은 다음 모든 겉면에 파란색 페인트를 칠하였습니다. 쌓기나무 125개를 다시 떼어 놓았을 때 하나는 두 면에, 두나는 한 면에 색칠된 쌓기나무를 갖기로 했습니다. 쌓기나무를 더 적게 갖는 사람은 누구인지 구해 보세요.

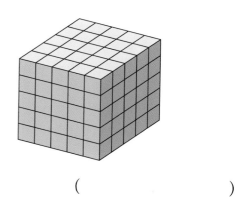

( )

08 그림과 같이 4종류의 종이가 여러 장 있습니다. 이 종이들을 각 면으로 하는 직육면체를 만들려고 합니다. 만들 수 있는 서로 다른 직육면체는 모두 몇 가지인지 구해 보세요. (단, 돌렸을 때 같은 것은 한 가지로 생각합니다.)

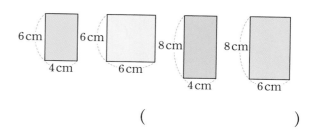

( )

01 직육면체의 모든 모서리의 길이의 합과 정육면체의 모든 모서리의 길이의 합은 같습니다. 정육면체의 한 모서리의 길이는 몇 cm인지 구해 보세요.

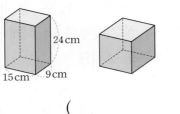

(   )

02 다음과 같은 직육면체 모양의 택배 상자가 창고에 쌓여 있습니다. 이 상자들의 면의 수와 꼭짓점의 수를 모두 더하였더니 98개였습니다. 쌓여 있는 택배 상자의 모서리의 수의 합은 몇 개인지 구해 보세요.

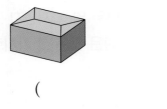

(   )

03 직육면체의 전개도의 둘레는 몇 cm인지 구해 보세요.

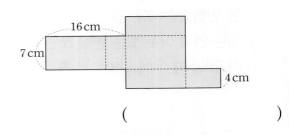

(   )

04 주사위에서 서로 평행한 두 면의 눈의 수의 합은 7입니다. 주사위의 전개도에서 면 ㉠, 면 ㉡, 면 ㉢의 눈의 수의 합을 구해 보세요.

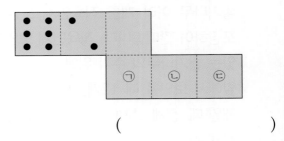

(   )

05 어떤 직육면체를 위와 앞에서 본 모양입니다. 이 직육면체의 모든 모서리의 길이의 합은 몇 cm인지 구해 보세요.

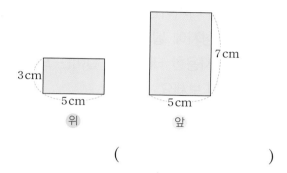

위   앞

(   )

06 다음 전개도를 접어 직육면체를 만들려고 합니다. 직사각형 ㄱㄴㄷㅎ의 넓이가 28 cm²일 때, 직육면체의 모든 모서리의 길이의 합은 몇 cm인지 구해 보세요.

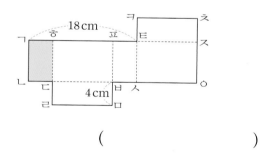

(   )

07 마주 보는 면의 눈의 수의 합이 7인 주사위 3개를 오른쪽 그림과 같이 한 줄로 쌓았습니다. 맞닿는 면의 눈의 수의 합이 8이 되도록 쌓았을 때 바닥에 닿는 면의 눈의 수를 구해 보세요.

(   )

08 다음과 같이 크기가 같은 정육면체 모양의 쌓기나무 80개를 쌓아 만든 직육면체입니다. 이 직육면체에서 찾을 수 있는 크고 작은 정육면체는 모두 몇 개인지 구해 보세요.

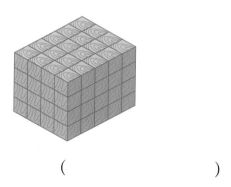

(   )

09 한 변의 길이가 40 cm인 정사각형 모양의 도화지에서 색칠한 부분을 잘라 낸 다음 남은 도화지를 접어 겹치는 부분 없이 직육면체를 만들었습니다. 오른쪽에 만든 직육면체의 겨냥도를 그리고, 겨냥도에 모서리의 길이를 나타내어 보세요.

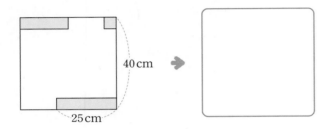

10 다음 그림을 이용하여 그릴 수 있는 정육면체의 전개도는 모두 몇 가지인지 구해 보세요. (단, 뒤집거나 돌려서 같은 모양이 되는 경우는 한 가지로 생각합니다.)

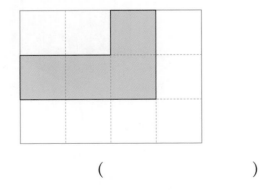

( )

11 어느 쇼핑몰에서 포장할 물건의 크기에 맞추어 포장 상자를 가능한 작은 직육면체 모양으로 만들어 비용을 절약한다고 합니다. 이 쇼핑몰에서 러시아인형 마트료시카를 다음 그림과 같은 상자에 넣고 테이프로 둘러 붙여 포장했다면 사용한 테이프의 길이는 모두 몇 cm인지 구해 보세요.

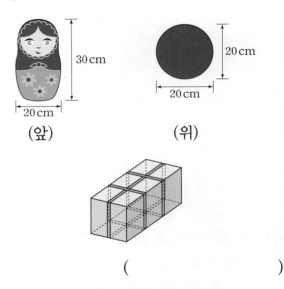

(앞)　　　　　　(위)

( )

12 직육면체 모양의 상자를 기울인 후 겉면에 페인트를 부었더니 왼쪽과 같이 상자의 일부분에 페인트가 묻었습니다. 오른쪽 전개도에 페인트가 묻은 부분을 색칠했을 때 색칠한 부분의 넓이는 몇 cm²인지 구해 보세요.

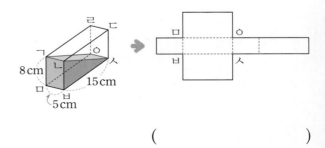

( )

6

평균과 가능성

개념 1 평균 알아보기

(1) 평균에 대해 알아봅시다.

• 평균: 자료의 값을 모두 더해 자료의 수로 나눈 값

$$(평균)=(자료\ 값의\ 합)\div(자료의\ 수)$$

(2) 평균을 구하는 방법에 대해 알아봅시다.

예 6, 13, 14, 7의 평균 구하기

방법1 평균을 10으로 예상한 후 자료의 값을 고르게 하여 구하기

14에서 4를 6으로 옮깁니다.

6   13   14   7   ➡   10   10   10   10

13에서 3을 7로 옮깁니다.

➡ (6, 13, 14, 7의 평균)=10

방법2 자료의 값을 모두 더해 자료의 수로 나누어 구하기

$$(6,\ 13,\ 14,\ 7의\ 평균)=(6+13+14+7)\div4$$
$$=40\div4=10$$

■ 종이띠를 이용하여 평균 구하기

빨간색 종이띠 4 cm와 노란색 종이띠 6 cm를 겹치지 않게 이어 붙인 후 반으로 접으면 길이가 5 cm입니다.

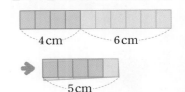

➡ (두 종이띠 길이의 평균)
    $=(4+6)\div2=5$ (cm)

---

1 어느 치킨 가게의 요일별 치킨 판매량을 나타낸 표입니다. 하루 동안 판매한 치킨은 평균 몇 마리일까요?

요일별 치킨 판매량

요일	월	화	수	목	금	토
판매량(마리)	58	64	75	73	97	125

(   )

2 평균 봉사 횟수가 가장 많은 모둠을 봉사왕 모둠으로 정하려고 합니다. 봉사왕 모둠은 어느 모둠일까요?

모둠 친구 수와 봉사 횟수

	1모둠	2모둠	3모둠
모둠 친구 수(명)	5	4	6
봉사 횟수(번)	40	36	42

(   )

개념 응용하기

응용 1
지우네 모둠 학생들의 지난달 줄넘기 2단 뛰기 기록을 나타낸 표입니다. 이번 달의 기록을 다시 조사하였더니 다른 학생들의 기록은 변화가 없고 지우의 기록만 5번 늘었습니다. 이번 달 지우네 모둠 학생들의 줄넘기 2단 뛰기 기록의 평균은 지난달보다 몇 번 늘었을까요?

지난달 줄넘기 2단 뛰기 기록

이름	지우	민규	주희	연아	수진
횟수(번)	12	16	14	17	11

(!) 자료의 수가 같고, 자료 값의 합만 ★만큼 늘어날 때의 평균 ➡ ((자료 값의 합)＋★)÷(자료의 수)

풀이 (지우네 모둠 학생들의 지난달 줄넘기 2단 뛰기 기록의 평균)

＝(12＋16＋14＋17＋11)÷ ☐ ＝ ☐ (번)

(지우네 모둠 학생들의 이번 달 줄넘기 2단 뛰기 기록의 평균)

＝(12＋ ☐ ＋16＋14＋17＋11)÷ ☐ ＝ ☐ (번)

따라서 이번 달 지우네 모둠 학생들의 줄넘기 2단 뛰기 기록의 평균은 지난달보다 ☐ 번 늘어났습니다.

1 방과후 컴퓨터교실 강좌별 학생 수를 조사하여 나타낸 표입니다. 학생 수의 합은 변화가 없고 방과후 컴퓨터교실 강좌를 한 개 더 늘린다면 강좌별 학생 수의 평균은 몇 명 줄어들까요?

방과후교실 강좌별 학생 수

방과후 컴퓨터교실 강좌	A반	B반	C반	D반	E반
학생 수(명)	35	44	28	17	26

(   )

2 어느 체력 단련 동아리 회원들의 나이를 나타낸 것입니다. 나이가 16세인 새로운 회원이 한 명이 더 들어온다면 모임 회원들의 나이의 평균은 어떻게 변하는지 써 보세요.

체력 단련 동아리 회원들의 나이

| 17세 | 15세 | 15세 | 18세 | 14세 | 17세 | 16세 |

(   )

개념 알기

개념 2 평균 이용하기

(1) 평균을 이용하여 비교하기에 대해 알아봅시다.

    예) 제기차기를 더 잘한 모둠 알아보기

제기차기 기록

하나네 모둠	4개, 8개, 3개, 7개, 9개, 5개
두나네 모둠	2개, 6개, 8개, 12개, 7개

(하나네 모둠의 제기차기 기록의 평균)
$$=(4+8+3+7+9+5)÷6=36÷6=6(개)$$
(두나네 모둠의 제기차기 기록의 평균)
$$=(2+6+8+12+7)÷5=35÷5=7(개)$$
➡ 6개 < 7개이므로 두나네 모둠이 제기차기를 더 잘했습니다.

(2) 평균을 이용하여 모르는 자료의 값 구하기에 대해 알아봅시다.

    예) 5개 반의 학생 수의 평균이 25명일 때 3반의 학생 수 구하기

학급별 학생 수

학급(반)	1	2	3	4	5
학생 수(명)	26	25		23	26

(5개 반의 학생 수의 합)$=25×5=125$(명)
(3반을 제외한 4개 반의 학생 수의 합)$=26+25+23+26=100$(명)
(3반의 학생 수)$=125-100=25$(명)

> **평균을 기준으로 비교하기**
> • (자료의 값) > (평균)일 때 좋은 편, 잘한 편입니다.
> • (자료의 값) < (평균)일 때 나쁜 편, 못한 편입니다.

> **(평균)**
> $=$(자료의 값을 모두 더한 수)
> $÷$(자료의 수)
> ➡ (자료의 값을 모두 더한 수)
> $=$(평균)$×$(자료의 수)

---

1 민수네 모둠과 정희네 모둠의 줄넘기 기록을 나타낸 표입니다. 줄넘기 기록의 평균이 더 높은 모둠은 어느 모둠일까요?

민수네 모둠의 줄넘기 기록

이름	민수	예진	인한	지후	경아	윤지
횟수(번)	63	80	55	30	27	45

정희네 모둠의 줄넘기 기록

이름	정희	미희	동준	은정	누리
횟수(번)	59	88	65	71	12

(   )

개념 응용하기

응용 2 행복, 소망, 희망 세 마을의 하루 쓰레기 배출량을 나타낸 표입니다. 쓰레기 배출량의 평균이 280 kg일 때, 희망마을에서 배출한 쓰레기는 몇 kg일까요?

하루 쓰레기 배출량

마을 이름	행복마을	소망마을	희망마을
쓰레기 배출량(kg)	410	180	

(!) (자료 값의 합)＝(평균)×(자료의 수)

풀이 세 마을의 쓰레기 배출량의 평균이 280 kg이므로 세 마을의 쓰레기 배출량의 합은 ☐ ×3＝☐ (kg)입니다.

행복마을의 쓰레기 배출량은 410 kg, 소망마을의 쓰레기 배출량은 180 kg이므로

희망마을의 쓰레기 배출량은 ☐ －(410＋180)＝☐ (kg)입니다.

1 민아네 강아지의 요일별 산책 시간을 나타낸 표입니다. 평균 산책 시간이 50분일 때 수요일과 금요일의 산책 시간을 각각 구해 보세요.

민아네 강아지의 요일별 산책 시간

요일	월	화	수	목	금
시간(분)	45	55	5☆	40	♡6

수요일 (   ), 금요일 (   )

2 준서의 윗몸 말아 올리기 기록을 나타낸 표입니다. 준서는 토요일에 윗몸 말아 올리기를 많이 해서 월요일부터 금요일까지 기록의 평균보다 전체 평균을 1번이라도 늘리려고 합니다. 토요일에 준서는 최소한 몇 번의 윗몸 말아 올리기를 해야 하는지 구해 보세요.

준서의 윗몸 말아 올리기 기록

요일	월	화	수	목	금	토
기록(번)	14	15	24	21	11	

(   )

개념 알기

개념 3 일이 일어날 가능성 알아보기

(1) **가능성**: 어떠한 상황에서 특정한 일이 일어나길 기대할 수 있는 정도

(2) **일이 일어날 가능성을 말로 표현하기**

| ~ 아닐 것 같다 | ~ 일 것 같다 |

㉠ 불가능하다   ㉡ 반반이다   ㉢ 확실하다

(3) **일이 일어날 가능성을 수로 표현하기**

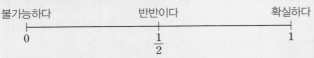

불가능하다   반반이다   확실하다

0 $\frac{1}{2}$ 1

㉮ 흰색 구슬이 들어 있는 통에서 구슬 1개를 꺼낼 때 일이 일어날 가능성을 수로 표현하기
  • 구슬이 흰색일 가능성: 확실하다 ➡ 1
  • 구슬이 검은색일 가능성: 불가능하다 ➡ 0

▶ 일이 일어날 가능성을 말로 표현하기
  ㉠ 일주일은 6일일 것이다.
    ➡ 불가능하다
  ㉡ 동전을 던졌을 때 숫자면이 나올 것이다. ➡ 반반이다
  ㉢ 아침에 해가 동쪽에서 뜰 것이다.
    ➡ 확실하다

▶ 일이 일어날 가능성이 $\frac{1}{2}$인 경우
  ㉮ • 동전을 던졌을 때 그림 면이 나올 경우
    • 주사위를 한 번 굴렸을 때 주사위의 눈의 수가 홀수일 경우

---

1 4장의 수 카드 7 , 13 , 19 , 27 중 1장을 뽑았습니다. 뽑은 수 카드의 수가 짝수일 가능성을 말로 표현해 보세요.

(   )

2 주머니에 흰색 바둑돌 2개와 검은색 바둑돌 2개가 들어 있습니다. 주머니에서 바둑돌 1개를 꺼낼 때, 꺼낸 바둑돌이 흰색일 가능성을 수직선에 ↓ 로 나타내어 보세요.

0 $\frac{1}{2}$ 1

3 회전판 돌리기를 했을 때 화살이 빨간색에 멈출 가능성이 높은 것부터 순서대로 기호를 써 보세요.

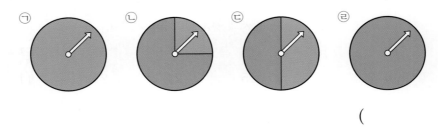

㉠   ㉡   ㉢   ㉣

(   )

개념 응용하기

응용 **3**   조건에 알맞은 회전판이 되도록 색칠해 보세요.

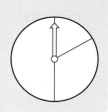

● 조건 ●

• 화살이 파란색에 멈출 가능성이 가장 높습니다.
• 화살이 빨간색에 멈출 가능성은 노란색에 멈출 가능성의 2배입니다.

(!) 일이 일어날 가능성을 비교하여 가능성이 높은 것부터 넓은 곳에 색칠합니다.

풀이   화살이 파란색에 멈출 가능성이 가장 높으므로 가장 넓은 곳에 [   ]을 색칠합니다.

화살이 빨간색에 멈출 가능성이 노란색에 멈출 가능성의 2배이므로 가장 좁은 곳에 [   ]을 색칠하고,

[   ]을 색칠한 곳의 넓이가 2배인 곳에 [   ]을 색칠합니다.

1   구슬 10개가 들어 있는 주머니에서 꺼낸 구슬의 개수가 짝수일 가능성과 화살이 파란색에 멈출 가능성이 같도록 회전판을 색칠해 보세요.

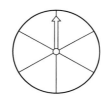

2   조건에 알맞은 회전판이 되도록 색칠해 보세요.

● 조건 ●

• 화살이 빨간색에 멈출 가능성이 가장 높습니다.
• 화살이 파란색에 멈출 가능성과 노란색에 멈출 가능성이 같습니다.
• 화살이 초록색에 멈출 가능성이 있습니다.

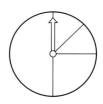

01 어느 떡가게에서 팔린 떡의 수를 나타낸 표입니다. 하루에 팔린 떡의 수가 평균보다 많은 날은 모두 며칠일까요?

떡가게에서 팔린 떡의 수

요일	월	화	수	목	금
떡의 수(개)	65	57	64	75	69

(   )

02 친구 3명의 몸무게의 평균은 42.3 kg입니다. 나연이를 포함한 4명의 몸무게의 평균이 39.8 kg일 때 나연이의 몸무게는 몇 kg일까요?

(   )

03 준호는 3일 동안 운동 시간의 평균을 50분이 되도록 하려고 합니다. 내일 운동이 끝나는 시각은 오후 몇 시 몇 분이 되어야 할까요?

준호의 운동 시간

	어제	오늘	내일
시작 시각	오후 3:30	오후 4:30	오후 3:40
끝난 시각	오후 4:20	오후 5:30	

(   )

04 윤아가 볼링 경기를 한 결과를 나타낸 표입니다. 1회부터 5회까지의 평균이 1회부터 4회까지의 평균보다 낮아졌다면 5회에 쓰러뜨린 핀의 수가 가장 많을 때는 몇 개일까요?

윤아가 쓰러뜨린 볼링핀의 수

회	1회	2회	3회	4회
핀의 수(개)	7	9	8	8

(   )

05 어느 전자제품 대리점에서 판매한 세탁기의 수를 나타낸 표입니다. 월별 판매한 세탁기의 수의 평균이 52대일 때 3월에 판매한 세탁기의 수를 구해 보세요.

월별 판매한 세탁기의 수

월	1월	2월	3월	4월	5월
세탁기의 수(대)	33	49		36	78

( )

06 주희네 모둠 학생들의 키를 나타낸 표입니다. 주희네 모둠 학생들의 키의 평균은 몇 cm일까요?

주희네 모둠 학생들의 키

	학생 수(명)	평균 (cm)
남학생	2	154
여학생	4	148

( )

07 회전판을 100회 돌려 화살이 멈춘 횟수를 나타낸 표입니다. 일이 일어날 가능성이 가장 비슷한 회전판을 찾아 기호를 써 보세요.

회전판 색깔별 화살이 멈춘 횟수

색깔	빨간색	파란색	노란색
횟수(회)	33	34	33

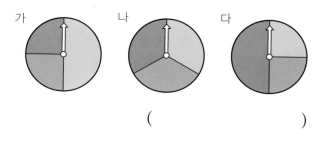

( )

08 일이 일어날 가능성을 나타낸 수가 나머지와 다른 사람의 이름을 써 보세요.

- 진수: ○× 문제를 풀 때 ×가 답일 것입니다.
- 나연: 당첨 제비만 4개 들어 있는 제비뽑기 상자에서 뽑은 제비 1개는 당첨 제비가 아닐 것입니다.
- 민호: 검은색 바둑돌 5개가 들어 있는 주머니에서 바둑돌을 2개 꺼낼 때 꺼낸 바둑돌은 흰색일 것입니다.

( )

01 하나와 두나가 요일별로 휴대 전화 이용 시간을 나타낸 표입니다. 두 사람이 하루 평균 휴대 전화 이용 시간이 같을 때 두나가 목요일에 휴대 전화를 이용한 시간을 구해 보세요.

하나의 요일별 휴대 전화 이용 시간

요일	월	화	수	목
시간(분)	30	25	35	30

두나의 요일별 휴대 전화 이용 시간

요일	화	수	목
시간(분)	40	25	

( )

02 배드민턴 동아리 회원들의 평균 나이가 35세일 때 여자 회원들의 평균 나이는 몇 세일까요?

배드민턴 동아리 회원들의 나이

	회원 수(명)	평균(세)
남자	10	37
여자	5	

( )

03 건우네 반 학생들은 색종이로 카네이션 400개를 접으려고 합니다. 한 사람당 카네이션을 평균 몇 개씩 접어야 할까요?

건우네 반 모둠별 학생 수

모둠	1모둠	2모둠	3모둠	4모둠	5모둠
학생 수(명)	4	3	5	4	4

( )

04 어느 치킨가게의 이번 주 5일 동안 치킨 판매량의 평균은 80마리입니다. 다음 주 5일 동안 치킨 판매량의 평균을 이번 주 5일 동안 치킨 판매량의 평균보다 5마리 늘리려면 치킨을 몇 마리 더 팔아야 할까요?

( )

05 민규의 수학 단원 평가 점수를 나타낸 표입니다. 민규의 수학 단원 평가 점수의 평균이 92점이고, 1단원 점수가 3단원 점수보다 10점 낮을 때 빈칸에 알맞은 수를 써넣으세요.

민규의 수학 단원 평가 점수

단원	1	2	3	4	5
점수(점)		100		96	84

06 어느 공장에서 한 시간에 평균 50개씩 축구공을 만든다고 합니다. 이 공장에서 하루에 8시간씩 일주일 동안 만든 축구공을 한 개에 16000원씩 받고 모두 팔았다면 축구공을 팔고 받은 돈은 모두 얼마일까요?

( )

07 10 이상 30 미만의 자연수가 적힌 수 카드가 각각 한 장씩 들어 있는 상자에서 수 카드 한 장을 뽑을 때 2의 배수가 적힌 수 카드를 뽑을 가능성을 수로 표현해 보세요.

( )

08 다음 중 일이 일어날 가능성이 작은 것부터 순서대로 기호를 써 보세요.

┌─────────────────────────────────┐
│ ㉠ 동전을 던졌을 때, 숫자 면이 나올 가능성 │
│ ㉡ 주사위를 굴렸을 때, 눈의 수가 5일 가능성 │
│ ㉢ 7개의 검은색 바둑돌이 들어 있는 주머니 │
│   에서 바둑돌 하나를 꺼냈을 때, 흰색 바 │
│   둑돌일 가능성 │
│ ㉣ 복권 100장 중 당첨 복권이 10장 있을 │
│   때, 복권 한 장을 뽑아 당첨될 가능성 │
└─────────────────────────────────┘

( )

01 넓이가 500 m²인 고구마 밭이 있습니다. 이 밭에서 고구마를 캐는 데 첫날은 5명이 48분 동안 일을 하고, 이튿날은 9명이 40분 동안 일을 해서 모두 끝마쳤습니다. 한 사람이 한 시간 동안 고구마를 캔 밭의 넓이의 평균은 몇 m²일까요? (단, 한 사람이 하는 일의 양은 모두 같습니다.)

( )

02 언니와 선아의 키의 평균은 150 cm, 선아와 동생의 키의 평균은 125 cm, 언니와 동생의 키의 평균은 145 cm입니다. 언니, 선아, 동생 키의 평균은 몇 cm일까요?

( )

03 가 농장과 나 농장의 배나무 수와 한 그루에 열리는 배의 수의 평균을 나타낸 표입니다. 두 농장에서 열린 전체 배를 한 상자에 20개씩 모두 담으려면 상자는 적어도 몇 개 필요할까요?

농장별 배나무 수와 한 그루에 열리는 배의 수의 평균

농장	배나무 수 (그루)	한 그루에 열리는 배의 수의 평균(개)
가	35	25
나	36	22

( )

04 다음과 같은 4장의 수 카드를 상자 안에 넣었습니다. 이 중에서 2장을 뽑아 두 자리 수를 만들 때 5의 배수일 가능성을 수로 표현해 보세요.

1 3 6 9

( )

05 진희네 마을 사람 36명이 여행을 가기 위해서 각각 같은 금액을 내서 버스를 한 대 빌리려고 합니다. 추가로 6명이 더 모집되어 한 사람이 내야 할 금액이 1500원씩 줄었다면 버스를 한 대 빌리는 값은 얼마일까요?

( )

06 혜수가 볼링을 하여 얻은 점수표의 일부분이 다음과 같이 찢어졌습니다. 5게임까지 점수의 평균이 125점일 때, 1게임과 2게임의 점수는 각각 몇 점인지 구해 보세요.

혜수의 점수표

게임	1	2	3	4	5
점수(점)	11	7	135	156	128

1게임 ( )

2게임 ( )

07 준하네 가족은 자동차를 타고 한 시간에 80 km를 가는 빠르기로 160 km를 달린 후 다시 1시간에 90 km를 가는 빠르기로 270 km를 달렸습니다. 준하네 가족은 한 시간 동안 평균 몇 km를 달린 셈일까요?

( )

08 (가) 상자에는 흰색 바둑돌 2개, 검은색 바둑돌 3개가 들어 있고, (나) 상자에는 흰색 바둑돌 6개, 검은색 바둑돌 4개가 들어 있습니다. 두 상자에서 각각 바둑돌 1개를 꺼낼 때 꺼낸 바둑돌이 검은색일 가능성이 더 높은 상자는 어느 상자일까요?

( )

01 주머니 속에 구슬이 빨간색 2개, 노란색 1개, 파란색 2개가 들어 있습니다. 진수는 첫 번째로 빨간색 구슬 1개를 꺼냈고, 두 번째로 노란색 구슬 1개를 꺼냈습니다. 진수가 세 번째로 구슬 1개를 꺼내려고 할 때 나올 가능성이 높은 색깔부터 순서대로 써 보세요.(단, 꺼낸 구슬은 다시 넣지 않습니다.)

(   )

02 주희가 하루에 한 번씩 줄넘기를 하고 넘은 횟수를 기록했습니다. 기록한 횟수 중 87회인 한 회의 기록을 78회로 잘못 보고 계산했더니 평균이 86회가 되었습니다. 실제 줄넘기 횟수의 평균이 87회일 때 주희는 줄넘기를 며칠 동안 하였는지 구해 보세요.

(   )

03 바이올린 경연 대회에 나간 지수가 심사위원에게 받은 점수의 평균을 나타낸 표입니다. 심사위원에게 받은 가장 높은 점수가 21점일 때 바이올린 경연 대회의 심사위원은 모두 몇 명인지 구해 보세요.(단, 가장 높은 점수는 심사위원 1명에게 받았습니다.)

전체 점수의 평균	13점
가장 높은 점수를 제외한 점수의 평균	11점

(   )

04 연수의 수학 단원평가 성적을 나타낸 표입니다. 5회까지의 평균 점수를 4회까지의 평균 점수보다 2점 이상 높이려고 합니다. 3회까지의 평균 점수가 88점이라면 5회에는 적어도 몇 점을 받아야 할까요?

연수의 수학 단원 평가 점수

단원	1	2	3	4	5
점수(점)	84	92		80	

(   )

05 어떤 시험에 300명이 응시하여 200명이 합격했습니다. 합격한 사람의 점수의 평균과 불합격한 사람의 점수의 평균의 차가 10.5점이고, 300명 전체의 점수의 평균이 72점일 때 합격한 사람의 점수의 평균은 몇 점인지 기약분수로 나타내어 보세요.

(   )

07 주머니 안에 흰색 바둑돌 5개와 검은색 바둑돌 몇 개가 들어 있습니다. 이 주머니에서 윤아가 검은색 바둑돌 2개를 꺼낸 후 흰색 바둑돌 1개를 꺼냈습니다. 지금의 주머니에서 바둑돌 1개를 꺼낼 때 검은색이 나올 가능성이 $\frac{1}{2}$입니다. 처음 주머니에 들어 있던 바둑돌은 모두 몇 개일까요?

(   )

06 어느 공장의 불량품의 수를 조사하여 나타낸 표입니다. 1월부터 6월까지의 불량품 수의 평균이 20개 이하가 되려면 5월과 6월의 불량품 수의 합이 몇 개 이하여야 할까요?

불량품의 수

월	1	2	3	4
불량품의 수(개)	21	27	22	20

(   )

08 우리말겨루기대회에 100명의 사람들이 참가하여 모두 3문제를 풀었습니다. 1번은 20점짜리, 2번은 30점짜리, 3번은 50점짜리이고, 전체 점수의 평균이 45점이었습니다. 3번 문제를 맞힌 사람이 44명이라면 2번 문제를 맞힌 사람은 몇 명일까요?

점수별 참가자 수

점수(점)	0	20	30	50	70	80	100
사람 수(명)	14	13	14	30		14	5

(   )

LEVEL 종합

01 요리 대회 참가자 수와 요리 경력을 나타낸 표입니다. 요리 대회 전체 참가자의 요리 경력의 평균은 몇 년인지 구해 보세요.

요리 대회 참가자 수와 요리 경력

	참가자 수(명)	요리경력의 평균(년)
남자	15	18
여자	20	11

(   )

02 지성이의 성적표의 일부분이 찢어졌습니다. 다섯 과목의 점수의 평균이 86점일 때 수학 점수와 사회 점수는 각각 몇 점일까요?

지성이의 성적표

과목	국어	수학	사회	과학	영어
점수(점)	91	8	5	72	85

수학 (   )

사회 (   )

03 주머니에 구슬이 20개 들어 있습니다. 주머니에서 구슬을 한 개 꺼낼 때 꺼낸 구슬이 빨간색일 가능성을 수로 표현하면 $\frac{1}{2}$입니다. 주머니에 빨간색 구슬은 몇 개 들어 있을까요?

(   )

04 염전은 바닷물을 모아서 막아놓고 햇빛과 바람으로 증발시켜 소금을 만드는 곳입니다. 다음은 같은 기간 동안 두 염전의 소금 수확량을 나타낸 것입니다. (가)와 (나) 염전 중 1 m² 당 소금 수확량의 평균은 어느 염전이 몇 kg 더 많은지 구해 보세요.

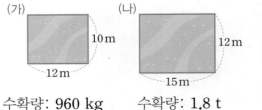

수확량: 960 kg   수확량: 1.8 t

(   ) 염전이 (   ) kg 이 더 많습니다.

05 구슬 250개가 들어 있는 주머니에서 1개 이상의 구슬을 꺼냈습니다. 꺼낸 구슬의 개수가 홀수일 가능성과 다음 회전판의 화살이 빨간색에 멈출 가능성이 같도록 회전판을 색칠해 보세요.

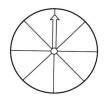

06 리듬체조의 점수는 4명의 심판이 채점하는 난도 점수와 5명의 심판이 채점하는 실시 점수로 구성되어 20점 만점입니다. 난도 점수와 실시 점수는 각각 가장 높은 점수와 가장 낮은 점수를 제외한 나머지 점수의 평균을 점수로 합니다. 다음 표를 보고 누리가 받은 리본 점수는 몇 점인지 구해 보세요.

누리의 리본 난도 점수

심판	A	B	C	D
점수(점)	9	8	6	8

누리의 리본 실시 점수

심판	E	F	G	H	I
점수(점)	5	8	6	7	9

( )

07 준호네 가족은 4명입니다. 준호는 12세이고 동생은 준호보다 2세 적습니다. 아버지의 나이는 동생의 나이의 4배이고 어머니의 나이는 준호 나이의 3배보다 2세 많다면 준호네 가족 네 명의 평균 나이는 몇 세일까요?

( )

08 30개의 마을에 약국이 평균 5개씩 있습니다. 그중 20개의 마을에 약국이 평균 4개씩 있다면 나머지 10개의 마을에는 약국이 평균 몇 개가 있을까요?

( )

09 서로 다른 세 수의 평균은 20입니다. 가장 큰 수와 가장 작은 수의 합은 44이고, 차는 36입니다. 세 수를 구해 보세요.

(   )

10 50 m 자유형 수영 대회 결승에 5명의 선수가 출전했습니다. 금메달, 은메달, 동메달을 딴 세 선수의 기록의 평균은 31.2초이고, 동메달을 딴 선수와 메달을 따지 못한 나머지 두 선수의 기록의 평균은 34.5초입니다. 5명의 기록의 평균이 32.8초일 때 동메달을 딴 선수의 기록은 몇 초일까요?

(   )

11 농구는 팀당 5명의 선수가 참여하고 슛의 종류와 던진 거리에 따라 1점, 2점, 3점이 부여됩니다. 다음은 한 농구팀 선수들이 경기 중에 넣은 골을 점수별로 나타낸 표의 일부입니다. 이 농구팀 선수의 득점의 평균이 17.2점일 때, 이 팀에서 득점이 두 번째로 많은 선수를 찾아 기호를 써 보세요.

농구팀 선수들의 점수별 골의 수

선수	㉮	㉯	㉰	㉱	㉲
1점 슛	1	4		7	
2점 슛	8	1		5	
3점 슛	2	3		4	

(   )

12 어느 독서동아리 학생 18명이 독서퀴즈대회에 참가하였습니다. 참가자 중 여학생의 점수의 평균만 9점 오르면 전체 평균은 77.5점이 되고, 남학생 점수의 평균만 9점이 오르면 전체 점수의 평균은 75.5점이 됩니다. 독서퀴즈대회에 참가한 학생 전체의 점수의 평균은 몇 점일까요?

(   )

정답과 풀이

1 단원 수의 범위와 어림하기

● 개념알기 개념 **1** 6쪽

1 ③, ④, ⑤   2 15, 20, 23에 ○표   3 이상, 이하

1 14 이상인 수는 14와 같거나 큰 수이므로 14, 19, 31입니다.

2 23 이하인 수는 23과 같거나 작은 수이므로 15, 20, 23입니다.

3 수직선에 나타낸 수의 범위는 43과 같거나 크고 46과 같거나 작으므로 43 이상 46 이하인 수입니다.

● 개념 응용하기 응용 **1** 7쪽

137, 140, 139 / 지수, 정아, 지호 / 태희, 호근

1 1반   2 지원이 동생, 소희

1 경아네 반 학생 수가 27명이므로 다른 반 학생 수는 50−27=23(명) 이하여야 합니다.
따라서 경아네 반과 미술관에 동시에 입장할 수 있는 반은 1반입니다.

2 12 이상인 수는 12와 같거나 큰 수입니다. 따라서 12세 이상인 사람은 지원, 지원이 엄마, 소희 엄마, 소희 오빠입니다. 따라서 영화를 볼 수 없는 사람은 지원이 동생과 소희입니다.

● 개념알기 개념 **2** 8쪽

1 ②, ③, ④   2 129.5, 125에 ○표   3 초과, 미만

1 52 초과인 수는 52보다 큰 수이므로 100, 53.6, 52.3입니다.

2 130 미만인 수는 130보다 작은 수이므로 129.5, 125입니다.

3 수직선에 나타낸 수는 55보다 크고 58보다 작으므로 수의 범위는 55 초과 58 미만인 수입니다.

● 개념 응용하기 응용 **2** 9쪽

큰에 ○표, 다, 라

1 나, 라   2 보라

1 지하 주차장을 통과할 수 있는 자동차의 높이는 2 m 즉, 200 cm 미만이어야 하므로 나, 라 자동차입니다.

2 줄넘기 횟수가 60회 초과인 학생은 보라입니다.

● 개념알기 개념 **3** 10쪽

1 1180, 1109에 ○표   2 버림   3 ④

1 올림하여 백의 자리까지 나타내면
1180 → 1200, 1100 → 1100,
1201 → 1300, 1109 → 1200,
1222 → 1300

2 한 상자에 100권씩 포장해야 하는데 49권으로는 한 상자를 만들 수 없습니다. 따라서 버림하여 백의 자리까지 나타내야 합니다.

3   ① 138.672 → 138.67
② 138.672 → 138.7
③ 138.672 → 139
④ 138.672 → 140
⑤ 138.672 → 100

① 개념 응용하기 응용 3   11쪽

> / 100, 4600, 큽니다에 ○표

1 48.9, 49, 50 / 70.3, 70, 70   **2** =
3 23개, 4 cm

1 • 48.86을 반올림하기
소수 첫째 자리: 48.86 ➡ 48.9
└→올림합니다.

일의 자리: 48.86 ➡ 49
└→올림합니다.

십의 자리: 48.86 ➡ 50
└→올림합니다.

• 70.32를 반올림하기
소수 첫째 자리: 70.32 ➡ 70.3
└→버림합니다.

일의 자리: 70.32 ➡ 70
└→버림합니다.

십의 자리: 70.32 ➡ 70
└→버림합니다.

2 5634를 반올림하여 백의 자리까지 나타낸 수는 5600입니다.

3 10 cm 미만의 리본으로는 선물 한 개를 포장할 수 없으므로 234를 버림하여 십의 자리까지 나타내면 234 → 230입니다.
따라서 선물을 최대 230÷10=23(개)까지 포장할 수 있고 리본은 4 cm가 남습니다.

LEVEL 1   12~13쪽

01 다솜, 지영   **02** 풀이 참조 / 29, 30, 31, 32, 33
03 ㉠   **04** 17, 18   **05** 13상자   **06** 40000원
07 21.568   **08** 풀이 참조

01 60 이상인 수는 60과 같거나 큰 수입니다. 따라서 윗몸 말아 올리기 횟수가 60회 이상인 다솜, 지영이가 1등급에 속합니다.

02

03 ㉠은 25 이하인 수이므로 25가 포함됩니다.

04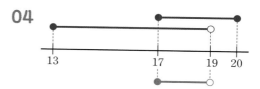

→ 공통 범위: 17 이상 19 미만
따라서 두 수직선에 나타낸 수의 범위에 공통으로 속하는 자연수는 17, 18입니다.

05 100개씩 12상자를 사면 아이스크림은 모두 1200개가 되어 48개가 모자라므로 1248을 올림하여 백의 자리까지 나타내면 1300입니다. 따라서 아이스크림을 최소 1300÷100=13(상자) 사야 합니다.

06 39500원인 물건을 10000원짜리 지폐로 사려면 올림하여 만의 자리까지 나타내면 됩니다.
39500 ➡ 40000원
└──┘
↑
올림합니다.

07 21.562, 21.561, 21.559, 21.556, 21.555를 반올림하여 소수 둘째 자리까지 나타내면 21.56입니다. 21.568을 반올림하여 소수 둘째 자리까지 나타내면 21.57입니다.

08 ┼┼┼┼┼●┼┼┼┼┼⊕┼┼┼┼┼
780   790   800

어떤 수를 반올림하여 십의 자리까지 나타낸 수

정답과 풀이   **3**

790은 일의 자리에서 올림하여 어림수를 만들었다면 790보다 작으면서 일의 자리 숫자가 5, 6, 7, 8, 9 중 하나여야 하므로 어떤 수는 785 이상인 수입니다. 일의 자리에서 버림하여 어림수를 만들었다면 790보다 크면서 일의 자리 숫자가 0, 1, 2, 3, 4 중 하나여야 하므로 어떤 수는 795 미만인 수입니다.
따라서 어떤 수가 될 수 있는 수의 범위는 785 이상 795 미만인 수입니다.

LEVEL 2 14~15쪽

01 ㉢ **02** 5개 **03** 18000원
04 41, 42, 43, 44, 45, 46, 47, 48, 49
05 1142 **06** 1950 **07** 올림, 버림, 반올림, 올림
08 (1) 56장 (2) 5장

---

01 ㉠ 14 초과인 수이므로 14가 포함되지 않습니다.
㉡ 14 미만인 수이므로 14가 포함되지 않습니다.
㉢ 13 초과인 수이므로 14가 포함됩니다.

02 15 초과 25 이하인 수는 16, 17, 18, 19, 20, 21, 22, 23, 24, 25입니다. 따라서 이 중에서 홀수는 17, 19, 21, 23, 25로 모두 5개입니다.

03 40대 부부: 6000 × 2 = 12000(원)
80세 할머니: 무료
7세 딸: 2000원
13세 아들: 4000원
➡ 12000 + 2000 + 4000 = 18000(원)

04 40 ➡ 40, 41 ➡ 50, 49 ➡ 50, 50 ➡ 50
　　　　　올림합니다.　올림합니다.
따라서 올림하여 십의 자리까지 나타내었을 때 50이 되는 50 미만인 수는 41, 42, 43, 44, 45, 46, 47, 48, 49입니다.

05 제시된 조건으로 보면 어떤 수는 □□42입니다. 1242는 올림하여 백의 자리까지 나타내면 1300이고 1142는 올림하여 백의 자리까지 나타내면 1200이므로 어떤 수는 1142입니다.

06 어떤 수를 반올림하여 백의 자리까지 나타냈을 때 2000이 되려면 1950 이상 2050 미만입니다. 이 중 가장 작은 수는 1950입니다.

07 정화: 21500을 올림하여 만의 자리까지 나타내면 30000입니다. → 올림
지은: 52개를 10개씩 포장하는 것은 52를 버림하여 십의 자리까지 나타내는 것과 같습니다. → 버림
경은: 152.8 cm를 1 cm 단위로 하여 더 가까운 153 cm로 읽었으므로 반올림하여 일의 자리까지 나타낸 것입니다. → 반올림
다솜: 43을 올림하여 십의 자리까지 나타내면 50입니다. → 올림

08 (1) 100원짜리 동전 563개는 56300원입니다. 56300을 버림하여 천의 자리까지 나타내면 56000이므로 1000원짜리 지폐를 최대 56장까지 교환할 수 있습니다.
(2) 100원짜리 동전 563개는 56300원입니다. 56300을 버림하여 만의 자리까지 나타내면 50000이므로 10000원짜리 지폐를 최대 5장까지 교환할 수 있습니다.

LEVEL 3 16~17쪽

01 ㉣ **02** 350, 360, 370, 450, 460, 470
03 160000원 **04** 8 **05** 10개
06 300 **07** 65, 66, 67, 68, 69 **08** 10

---

01 각각의 정삼각형의 둘레를 구합니다.
㉠ 27 × 3 = 81 (cm)
㉡ 16.2 + 16.2 + 16.2 = 48.6 (cm)

ⓒ $27.3+27.3+27.3=81.9$ (cm)

ⓓ $15.9+15.9+15.9=47.7$ (cm)

02 백의 자리 수가 될 수 있는 수는 3, 4이고, 십의 자리 수가 될 수 있는 수는 5, 6, 7입니다.

따라서 만들 수 있는 세 자리 수는 350, 360, 370, 450, 460, 470입니다.

03 100개가 안 되는 볼펜은 포장할 수 없으므로 버림의 방법으로 어림합니다. 1654를 버림하여 백의 자리까지 나타내면 1600이므로 포장하면 $1600÷100=16$(상자)가 됩니다.

➡ $16×10000=160000$(원)

04 200 미만인 수 중 올림하여 십의 자리까지 나타냈을 때 200이 되는 수 중 가장 큰 수는 199이고 가장 작은 수는 191입니다. ➡ $199-191=8$

05 반올림하여 십의 자리까지 나타내면 3300이 되는 자연수는 3295에서 3304까지의 수입니다.

➡ 3295, 3296, 3297, 3298, 3299, 3300, 3301, 3302, 3303, 3304: 10개

06 수 카드 4장을 한 번씩만 사용하여 만든 가장 큰 네 자리 수는 8653입니다. 8653을 반올림하여 천의 자리까지 나타낸 수는 9000이고, 반올림하여 백의 자리까지 나타낸 수는 8700입니다.

➡ $9000-8700=300$

07 반올림하여 십의 자리까지 나타내면 70이 되는 수 중 70 미만인 수는 65, 66, 67, 68, 69입니다.

올림하여 십의 자리까지 나타내면 70이 되는 수 중 70 미만인 수는 61, 62, 63, 64, 65, 66, 67, 68, 69입니다. 따라서 조건을 만족하는 수는 65, 66, 67, 68, 69입니다.

08 62□352를 반올림하여 만의 자리까지 나타내면 620000이므로 □ 안에 들어갈 수 있는 수는 0, 1, 2, 3, 4입니다.

따라서 이 수를 모두 더하면 10입니다.

18~19쪽

LEVEL 4

01 3706, 3848

02 220

03 226명 이상 270명 이하

04 7

05 755 이상 765 미만

06 1121회, 540회

07 1500 이상 2500 미만

08 4.3 m, 4.2 m

01 2000 초과 4500 미만인 수이고 천의 자리 수는 2 초과인 수이므로 3 또는 4입니다.

백의 자리 수는 7 이상 9 미만인 수이므로 7 또는 8입니다.

십의 자리 수는 5 미만인 수이므로 0, 1, 2, 3, 4 중 하나입니다.

일의 자리 수는 2의 배수 중 6 이상 9 미만인 수이므로 6 또는 8입니다.

따라서 조건을 만족하는 수 중에서 가장 작은 수는 3706이고, 가장 큰 수는 3848입니다.

02 99 초과 123 이하인 수 중 가장 큰 4의 배수는 120이고 가장 작은 5의 배수는 100입니다.

➡ $120+100=220$

03 현빈이네 학교의 5학년 학생 수는 $45×6=270$(명) 이하 $45×5=225$(명) 초과이어야 합니다.

따라서 226명 이상 270명 이하입니다.

04 어떤 수와 9의 곱의 결과는 60 이상 69 이하인 수입니다. 이 중에서 9의 배수는 $9×7=63$이므로 어떤 수는 7입니다.

05 어떤 수를 반올림하여 십의 자리까지 나타내면 760이 되는 수의 범위는 755 이상 765 미만입니다. 또, 어떤 수를 반올림하여 백의 자리까지 나타내면 800이 되는 수의 범위는 750 이상 850 미만입니다.

따라서 어떤 수가 될 수 있는 수의 범위는 755 이상 765 미만입니다.

06 줄넘기를 가장 많이 넘은 요일은 화요일로 1130회이고, 줄넘기를 가장 적게 넘은 요일은 토요일로 540회

입니다.

올림이므로 화요일의 실제 줄넘기 횟수는 1121회 이상 1130회 이하이고, 토요일의 실제 줄넘기 횟수는 531회 이상 540회 이하입니다.

따라서 두 요일의 실제 줄넘기 횟수의 차가 581회가 되려면 화요일은 1121회, 토요일은 540회이어야 합니다.

07 1356을 반올림하여 천의 자리까지 나타내면 1000이 므로 어떤 자연수를 반올림하여 천의 자리까지 나타 내면 $3000-1000=2000$입니다. 반올림하여 천의 자리까지 나타내면 2000이 되는 가장 작은 수는 1500이고 가장 큰 수는 2499입니다. 따라서 어떤 자연수의 범위는 1500 이상 2500 미만입니다.

08 $30 \div 7 = 4.28 \cdots$이므로 몫을 반올림하여 소수 첫째 자리까지 나타내면 4.3입니다. 따라서 여섯 번째 도막까지 4.3 m 길이로 똑같이 잘랐고, 마지막 도막의 길이는 $30 - (4.3 + 4.3 + 4.3 + 4.3 + 4.3 + 4.3) = 30 - 25.8 = 4.2$ (m)입니다.

LEVEL 종합

20~22쪽

01 18, 19, 20, 21, 22, 23, 24, 25   **02** 풀이 참조

03 풀이 참조   **04** 30, 31, 32, 33, 34

05 15   **06** 13상자   **07** 10639   **08** 종석

09 2300   **10** 3개   **11** 2450 이상 2550 미만

12 14

---

01 15 초과 25 이하인 수는 16, 17, 18, 19, 20, 21, 22, 23, 24, 25입니다. 이 중 18 이상인 수는 18, 19, 20, 21, 22, 23, 24, 25입니다.

02

```
   +---+---◦---+---+---+---+---+---●---+---+
   8   9  10  11  12  13  14  15  16  17  18
```

03

```
   +---+---◦---+---+---+---+---+---+---◦---+
  50  51  52  53  54  55  56  57  58  59  60
```

---

04 28 이상 35 미만에 속하는 자연수는 28, 29, 30, 31, 32, 33, 34입니다. 30 이상 40 미만에 속하는 자연수는 30, 31, 32, 33, 34, 35, 36, 37, 38, 39 입니다. 따라서 두 수직선이 나타내는 수의 범위에 공통으로 포함되는 자연수는 30, 31, 32, 33, 34입니다.

05 올림하여 십의 자리까지 나타냈을 때 50이 되려면 41 이상 50 이하인 수이어야 합니다.

$7 \times 6 = 42$, $8 \times 6 = 48$이므로 어떤 수가 될 수 있는 수는 7, 8입니다.

➡ $7 + 8 = 15$

06 사탕을 10개 단위로 사야 하므로 128을 올림하여 십의 자리까지 나타내면 128 ➡ 130입니다.

따라서 사탕을 최소 $130 \div 10 = 13$(상자) 사야 합니다.

07 어떤 수가 될 수 있는 중에서 가장 작은 수는 5315이 고, 가장 큰 수는 5324입니다.

➡ $5315 + 5324 = 10639$

08 물건의 금액의 총합은 27200원입니다. 따라서 28000원으로 올림하여 천의 자리까지 나타내어 어림한 종석이가 가장 적절하게 어림하였습니다.

09 수 카드 4장을 한 번씩만 사용하여 만든 가장 작은 네 자리 수는 1278입니다. 1278을 버림하여 천의 자리까지 나타내면 1000입니다. 1278을 반올림하여 백의 자리까지 나타내면 1300입니다.

➡ $1000 + 1300 = 2300$

10 반올림하여 십의 자리까지 나타내어 560이 되는 수는 555, 556, 557, 558, 559, 560, 561, 562, 563, 564입니다.

버림하여 십의 자리까지 나타내어 560이 되는 수는 560, 561, 562, 563, 564, 565, 566, 567, 568, 569입니다.

두 조건을 만족하는 자연수는 560, 561, 562, 563, 564이고 이 중에서 562 이상 565 미만인 수는 562, 563, 564로 모두 3개입니다.

11 2457을 반올림하여 백의 자리까지 나타내면 2500입니다. 5000−2500=2500이므로 어떤 수를 반올림하여 백의 자리까지 나타내면 2500입니다.
반올림하여 백의 자리까지 나타냈을 때 2500이 될 수 있는 가장 작은 수는 2450이고 가장 큰 수는 2549입니다. 어떤 자연수의 범위는 2450 이상 2550 미만입니다.

12 57□78을 반올림하여 천의 자리까지 나타내면 58000이므로 □ 안에 들어갈 수 있는 수는 5, 6, 7, 8, 9입니다. 이 중 가장 큰 수는 9, 가장 작은 수는 5이므로 두 수의 합은 9+5=14입니다.

---

② 단원 분수의 곱셈

개념알기 | 개념 **1**   24쪽

$$1 \ \frac{1}{9} \times 4 = \frac{4}{9} \ / \ \frac{4}{9} \qquad 2 \ 8\frac{3}{4} \ \text{L}$$

1 $\frac{1}{9}$씩 4일 동안 먹은 케이크의 양은 전체의

$\frac{1}{9} \times 4 = \frac{4}{9}$입니다.

2 $\frac{7}{\underset{4}{8}} \times \overset{5}{10} = \frac{7}{4} \times 5 = \frac{35}{4} = 8\frac{3}{4}$ (L)

개념 응용하기 | 응용 **1**   25쪽

$3, 3, 32, 3, 32, 10\frac{2}{3}$

$$1 \ \frac{3}{11} \times 6 = 1\frac{7}{11} \ / \ 1\frac{7}{11} \ \text{L} \qquad 2 \ 30\frac{2}{5} \ \text{m}$$

(혜영이가 걸은 거리)

$$= 3\frac{5}{9} \times 3 = \frac{32}{\underset{3}{9}} \times \overset{1}{3} = \frac{32}{3} = 10\frac{2}{3} \ \text{(km)}$$

1 (빈 병에 담은 음료수의 양)
$$= \frac{3}{11} \times 6 = \frac{18}{11} = 1\frac{7}{11} \ \text{(L)}$$

2 (정사각형의 둘레)
$$= 7\frac{3}{5} \times 4 = \frac{38}{5} \times 4 = \frac{152}{5} = 30\frac{2}{5} \ \text{(m)}$$

1 4×1, $4 \times 1\frac{7}{8}$에 ○표　**2** $8 \times 4\frac{1}{4} = 34$ / 34살

1　$4 \times 1 = 4$, $4 \times \frac{2}{5} = \frac{8}{5} = 1\frac{3}{5}$,

　　$4 \times 1\frac{7}{8} = \overset{1}{4} \times \frac{15}{\underset{2}{8}} = \frac{15}{2} = 7\frac{1}{2}$

2　$8 \times 4\frac{1}{4} = \overset{2}{8} \times \frac{17}{\underset{1}{4}} = 34$(살)

개념 응용하기 응용 **2**　27쪽

164, 9, 41, 3, 123

1 $17\frac{1}{2}$ L　**2** $\frac{1}{6}$시간

1　(음료수 전체의 양) $= 2 \times 10 = 20$ (L)
　　➡ (학생들에게 나누어 줄 음료수의 양)
　　　$= \overset{5}{20} \times \frac{7}{\underset{2}{8}} = \frac{35}{2} = 17\frac{1}{2}$ (L)

2　30분의 $\frac{1}{3}$은 $30 \times \frac{1}{3} = 10$(분)입니다.
　　10분은 1시간(60분)의 $\frac{1}{6}$입니다.
　　따라서 30분의 $\frac{1}{3}$은 $\frac{1}{6}$시간입니다.

개념알기 개념 **3**　28쪽

$1\frac{3}{8} \times \frac{5}{6} = \frac{5}{16}$ / $\frac{5}{16}$ m　　**2** $\frac{1}{16}$

1　(사용한 끈의 길이) $= \frac{\overset{1}{3}}{8} \times \frac{5}{\underset{2}{6}} = \frac{5}{16}$ (m)

2　$\frac{\overset{1}{3}}{10} \times \frac{1}{2} \times \frac{5}{\underset{4}{12}} = \frac{1}{16}$

개념 응용하기 응용 **3**　29쪽

큰에 ○표, 9, 6, 5, 4, 2 / 9, 6 / 9, 6, 54, 6, 9, 54

1 $22\frac{5}{9}$　　**2** 2

1　만들 수 있는 가장 큰 대분수는 $9\frac{2}{3}$이고, 가장 작은 대분수는 $2\frac{3}{9}$입니다.

　　➡ $9\frac{2}{3} \times 2\frac{3}{9} = \frac{29}{\underset{1}{3}} \times \frac{\overset{7}{21}}{9} = \frac{203}{9} = 22\frac{5}{9}$

2　$\frac{\overset{1}{11}}{12} \times \frac{\overset{3}{9}}{\underset{2}{22}} = \frac{3}{8}$이므로 $\frac{3}{8} > \frac{\square}{8}$입니다.
　　따라서 □ 안에 들어갈 수 있는 가장 큰 자연수는 2입니다.

LEVEL **1**　30~31쪽

01 풀이 참조　**02** (　)(○)　　**03** 4 L

04 $1\frac{2}{5} \times 1\frac{2}{3} = 2\frac{1}{3}$ / $2\frac{1}{3}$

05 $2\frac{4}{5} \times 2\frac{4}{5} \times \frac{1}{2} = 3\frac{23}{25}$ / $3\frac{23}{25}$ cm²

06 13, 14, 15, 16, 17

07 $\frac{1}{3} \times \frac{1}{5}$ 또는 $\frac{1}{5} \times \frac{1}{3}$ / $\frac{1}{15}$　　**08** $\frac{1}{6}$

01 이유 예 (자연수) × (대분수)의 식에서 대분수를 가분수로 나타낸 후 약분하지 않았기 때문입니다.

바른 계산 $4 \times 3\frac{5}{12} = \overset{1}{4} \times \frac{41}{\underset{3}{12}} = \frac{41}{3} = 13\frac{2}{3}$

02 $10 \times 2\frac{3}{5} = \overset{2}{10} \times \frac{13}{\underset{1}{5}} = 26$

$10 \times 2\frac{7}{8} = \overset{5}{10} \times \frac{23}{\underset{4}{8}} = \frac{115}{4} = 28\frac{3}{4}$

➡ $26 < 28\frac{3}{4}$

03 (사용한 물의 양)$= \overset{4}{16} \times \frac{3}{\underset{1}{4}} = 12$ (L)

따라서 남은 물의 양은 $16 - 12 = 4$ (L)입니다.

04 $1\frac{2}{5} \times 1\frac{2}{3} = \frac{7}{5} \times \frac{\overset{1}{5}}{3} = \frac{7}{3} = 2\frac{1}{3}$

05 $2\frac{4}{5} \times 2\frac{4}{5} \times \frac{1}{2} = \frac{14}{5} \times \frac{14}{5} \times \frac{1}{\underset{1}{2}} = \frac{98}{25}$

$\qquad\qquad\qquad\qquad = 3\frac{23}{25}$ (cm²)

06 $4\frac{1}{4} \times 3 = (4 \times 3) + \left(\frac{1}{4} \times 3\right) = 12 + \frac{3}{4} = 12\frac{3}{4}$

$3\frac{3}{7} \times 5 = (3 \times 5) + \left(\frac{3}{7} \times 5\right) = 15 + \frac{15}{7}$

$\qquad\qquad = 15 + 2\frac{1}{7} = 17\frac{1}{7}$

$12\frac{3}{4} < \square < 17\frac{1}{7}$이므로 $\square$ 안에 들어갈 수 있는 자연수는 13, 14, 15, 16, 17입니다.

07 단위분수의 분모에 작은 수가 들어갈수록 계산 결과가 커지므로 $9 > 8 > 7 > 5 > 3$에서 수 카드 3과 5를 골라야 합니다.

➡ $\frac{1}{3} \times \frac{1}{5} = \frac{1}{15}$ 또는 $\frac{1}{5} \times \frac{1}{3} = \frac{1}{15}$

08 $\frac{\overset{1}{5}}{\underset{3}{9}} \times \frac{3}{\underset{2}{4}} \times \frac{2}{\underset{1}{5}} = \frac{1}{3} \times \frac{1}{2} = \frac{1}{6}$

---

01 $14\frac{1}{12}$ cm² **02** $\frac{1}{2}$ km **03** $\frac{27}{80}$ m²

04 $8\frac{5}{9}$ **05** $330\frac{5}{8}$ cm² **06** $15\frac{7}{8}$ L

07 20 cm, 30 cm **08** 105명

01 케이크의 가로는

$2\frac{1}{6} \times 3 = \frac{13}{6} \times 3 = \frac{13}{2} = 6\frac{1}{2}$ (cm)입니다.

따라서 케이크의 넓이는

$6\frac{1}{2} \times 2\frac{1}{6} = \frac{13}{2} \times \frac{13}{6} = \frac{169}{12} = 14\frac{1}{12}$ (cm²)입니다.

02 10분은 $\frac{1}{6}$시간입니다.

따라서 10분 동안 $\overset{1}{3} \times \frac{1}{\underset{2}{6}} = \frac{1}{2}$ (km)만큼 걷는 셈입니다.

03 색칠한 부분의 세로는

$\frac{5}{8} - \frac{1}{4} = \frac{5}{8} - \frac{2}{8} = \frac{3}{8}$ (m)입니다.

➡ (색칠한 부분의 넓이)$= \frac{9}{10} \times \frac{3}{8} = \frac{27}{80}$ (m²)

04 어떤 수를 $\square$라고 하면 $\square - 2\frac{1}{3} = 1\frac{1}{3}$에서

$\square = 1\frac{1}{3} + 2\frac{1}{3} = 3\frac{2}{3}$입니다.

따라서 바르게 계산하면

$3\frac{2}{3} \times 2\frac{1}{3} = \frac{11}{3} \times \frac{7}{3} = \frac{77}{9} = 8\frac{5}{9}$입니다.

05 정사각형 모양의 색종이 1장의 넓이는

$5\frac{3}{4} \times 5\frac{3}{4} = \frac{23}{4} \times \frac{23}{4} = \frac{529}{16} = 33\frac{1}{16}$ (cm²)입니다.

색종이 10장으로 꾸민 모양의 넓이는

$33\frac{1}{16} \times 10 = \frac{529}{\underset{8}{16}} \times \overset{5}{10} = \frac{2645}{8} = 330\frac{5}{8}$ (cm²)입니다.

06 3시간 30분$=3\dfrac{1}{2}$시간입니다.

㉠에서 3시간 30분 동안 받을 수 있는 물의 양은

$2\dfrac{3}{4}\times3\dfrac{1}{2}=\dfrac{11}{4}\times\dfrac{7}{2}=\dfrac{77}{8}=9\dfrac{5}{8}$ (L)입니다.

㉡에서 3시간 30분 동안 받을 수 있는 물의 양은

$1\dfrac{11}{14}\times3\dfrac{1}{2}=\dfrac{25}{\overset{}{\underset{2}{14}}}\times\dfrac{\overset{1}{7}}{2}=\dfrac{25}{4}=6\dfrac{1}{4}$ (L)입니다.

따라서 두 수도꼭지를 동시에 틀었을 때 3시간 30분 동안 받을 수 있는 물의 양은

$9\dfrac{5}{8}+6\dfrac{1}{4}=9\dfrac{5}{8}+6\dfrac{2}{8}=15\dfrac{7}{8}$ (L)입니다.

07 공책의 (가로)$+$(세로)$=50$ (cm)입니다. 공책의 세로를 $\square$라고 하면 $\square\times\dfrac{2}{3}+\square=50$입니다.

$\square=10$일 때,

$10\times\dfrac{2}{3}+10=\dfrac{20}{3}+10=6\dfrac{2}{3}+10=16\dfrac{2}{3}$

$\square=20$일 때,

$20\times\dfrac{2}{3}+20=\dfrac{40}{3}+20=13\dfrac{1}{3}+20=33\dfrac{1}{3}$

$\square=30$일 때,

$\overset{10}{30}\times\dfrac{2}{\underset{1}{3}}+30=20+30=50$

따라서 세로는 30 cm, 가로는 $30\times\dfrac{2}{3}=20$ (cm)입니다.

08 도전 골든벨에 참여한 학생 수는 모두

$120+105=225$(명)입니다.

첫 번째 문제 탈락자는 $\overset{45}{225}\times\dfrac{1}{\underset{1}{5}}=45$(명)이므로

첫 번째 문제 통과자는 $225-45=180$(명)입니다.

두 번째 문제 탈락자는 $\overset{45}{180}\times\dfrac{1}{\underset{1}{4}}=45$(명)이므로

두 번째 문제 통과자는 $180-45=135$(명)입니다.

세 번째 문제 탈락자는 $\overset{15}{135}\times\dfrac{2}{\underset{1}{9}}=30$(명)이므로

세 번째 문제 통과자는 $135-30=105$(명)입니다. 따라서 네 번째 문제를 풀 수 있는 사람은 105명입니다.

LEVEL 3

34~35쪽

01 $3\dfrac{2}{3}$ L **02** $\dfrac{7}{20}$ **03** $2\dfrac{3}{16}$ L

04 $15\dfrac{1}{6}$ cm **05** 7 cm **06** $44\dfrac{4}{9}$ m

07 650개 **08** $4\dfrac{13}{63}$ km

01 $4\dfrac{2}{5}\times\dfrac{5}{6}=\dfrac{\overset{11}{22}}{\underset{1}{5}}\times\dfrac{5}{\underset{3}{6}}=\dfrac{11}{3}=3\dfrac{2}{3}$ (L)

02 $\dfrac{5}{\underset{1}{7}}\times\dfrac{\overset{7}{14}}{\underset{5}{25}}\times\dfrac{7}{\underset{4}{8}}=\dfrac{7}{20}$

03 (사용한 페인트의 양)

$=10\dfrac{15}{16}\times\dfrac{4}{5}=\dfrac{\overset{35}{175}}{\underset{4}{16}}\times\dfrac{\overset{1}{4}}{\underset{1}{5}}=\dfrac{35}{4}=8\dfrac{3}{4}$ (L)

➡ (벽을 칠하고 남은 페인트의 양)

$=10\dfrac{15}{16}-8\dfrac{3}{4}=10\dfrac{15}{16}-8\dfrac{12}{16}=2\dfrac{3}{16}$ (L)

04 (색종이 14장의 가로)$=4\dfrac{7}{8}\times14=\dfrac{39}{\underset{4}{8}}\times\overset{7}{14}$

$=\dfrac{273}{4}$ (cm)

➡ (잘라 낸 색종이의 가로)

$=\dfrac{\overset{91}{273}}{\underset{2}{4}}\times\dfrac{\overset{1}{2}}{\underset{3}{9}}=\dfrac{91}{6}=15\dfrac{1}{6}$ (cm)

05 직사각형의 둘레는 $(9+7)\times2=32$ (cm)입니다.

새로 만들 정사각형의 둘레는 $\overset{4}{32}\times\dfrac{7}{\underset{1}{8}}=28$ (cm)입

니다. 따라서 새로 만들 정사각형의 한 변의 길이는
$28 \div 4 = 7$ (cm)입니다.

06 첫 번째로 튀어 오른 공의 높이는 $\overset{50}{150} \times \dfrac{2}{\underset{1}{3}} = 100$ (m)

입니다.

두 번째로 튀어 오른 공의 높이는
$100 \times \dfrac{2}{3} = \dfrac{200}{3} = 66\dfrac{2}{3}$ (m)입니다.

세 번째로 튀어 오른 공의 높이는

$66\dfrac{2}{3} \times \dfrac{2}{3} = \left(\overset{22}{66} \times \dfrac{2}{\underset{1}{3}}\right) + \left(\dfrac{2}{3} \times \dfrac{2}{3}\right)$

$= 44 + \dfrac{4}{9} = 44\dfrac{4}{9}$ (m)입니다.

07 이번 달에 늘인 아이템은 $\overset{200}{1000} \times \dfrac{2}{\underset{1}{5}} = 400$(개)이므로

이번 달에 제공하려고 하는 아이템은
$1000 + 400 = 1400$(개)입니다.
이번 달 15일까지 제공한 아이템은

$\overset{250}{1000} \times \dfrac{3}{\underset{1}{4}} = 750$(개)입니다.

따라서 앞으로 제공할 아이템은 $1400 - 750 = 650$(개)
입니다.

08 40분은 1시간의 $\dfrac{2}{3}$이므로 지현이가 40분 동안 걸은

거리는 $\dfrac{2}{3} \times 2\dfrac{1}{7} = \dfrac{2}{\underset{1}{3}} \times \dfrac{\overset{5}{15}}{7} = \dfrac{10}{7} = 1\dfrac{3}{7}$ (km)입니다.

50분은 1시간의 $\dfrac{5}{6}$이므로 지현이가 50분 동안 걸은 거

리는 $\dfrac{5}{6} \times 3\dfrac{1}{3} = \dfrac{5}{\underset{3}{6}} \times \dfrac{\overset{5}{10}}{3} = \dfrac{25}{9} = 2\dfrac{7}{9}$ (km)입니다.

따라서 지현이가 90분 동안 걸은 거리는 모두
$1\dfrac{3}{7} + 2\dfrac{7}{9} = \dfrac{10}{7} + \dfrac{25}{9} = \dfrac{90}{63} + \dfrac{175}{63}$

$= \dfrac{265}{63} = 4\dfrac{13}{63}$ (km)입니다.

LEVEL 4

01 $1\dfrac{17}{25}$ kg **02** 10200원 **03** $\dfrac{17}{30}$ m **04** 28 kg

05 $1\dfrac{5}{8}$ **06** 37000원 **07** 6명 **08** $2\dfrac{2}{3}$ cm²

01 (소금 3봉지의 무게)

$= 2\dfrac{4}{5} \times 3 = \dfrac{14}{5} \times 3 = \dfrac{42}{5} = 8\dfrac{2}{5}$ (kg)

1명이 받은 소금의 무게는

$8\dfrac{2}{5} \times \dfrac{1}{4} = \dfrac{\overset{21}{42}}{5} \times \dfrac{1}{\underset{2}{4}} = \dfrac{21}{10} = 2\dfrac{1}{10}$ (kg)입니다.

따라서 병에 담긴 소금은

$2\dfrac{1}{10} \times \dfrac{4}{5} = \dfrac{21}{\underset{5}{10}} \times \dfrac{\overset{2}{4}}{5} = \dfrac{42}{25} = 1\dfrac{17}{25}$ (kg)입니다.

02 지훈이가 낸 금액은

$\overset{300}{2100} \times \dfrac{6}{\underset{1}{7}} = 1800$(원)입니다.

주원이가 낸 금액은

$1800 \times 3\dfrac{1}{2} = \overset{900}{1800} \times \dfrac{7}{\underset{1}{2}} = 6300$(원)입니다.

따라서 세 사람이 모은 돈은 모두
$2100 + 1800 + 6300 = 10200$(원)입니다.

03 정아가 걸은 거리는 $\dfrac{2}{\underset{1}{3}} \times \overset{5}{15} = 10$ (m)입니다.

호준이가 걸은 거리는
$10 - 1\dfrac{1}{2} = 10 - 1\dfrac{1}{2} = 9\dfrac{2}{2} - 1\dfrac{1}{2} = 8\dfrac{1}{2}$ (m)입니다.
따라서 호준이의 걸음 폭은

$8\dfrac{1}{2} \times \dfrac{1}{15} = \dfrac{17}{2} \times \dfrac{1}{15} = \dfrac{17}{30}$ (m)입니다.

04 바이올린 1개의 무게는

$\overset{3}{6} \times \dfrac{1}{\underset{2}{4}} = \dfrac{3}{2} = 1\dfrac{1}{2}$ (kg)입니다.

첼로 1개의 무게는

$$35\frac{1}{7} \times \frac{1}{12} = \frac{\overset{41}{246}}{7} \times \frac{1}{\underset{2}{12}}$$

$$= \frac{41}{14} = 2\frac{13}{14} \text{ (kg)입니다.}$$

(바이올린 5개의 무게)

$$= 1\frac{1}{2} \times 5 = \frac{3}{2} \times 5 = \frac{15}{2} = 7\frac{1}{2} \text{ (kg)}$$

(첼로 7개의 무게)

$$= 2\frac{13}{14} \times 7 = \frac{41}{\underset{2}{14}} \times \overset{1}{7} = \frac{41}{2} = 20\frac{1}{2} \text{ (kg)}$$

➡ (바이올린 5개와 첼로 7개의 무게의 합)

$$= 7\frac{1}{2} + 20\frac{1}{2} = 28 \text{ (kg)}$$

05 어떤 분수를 $\dfrac{\square}{\square}$라고 하면

$$\frac{2}{7} \times 4\frac{4}{13} \times \frac{\square}{\square} = \frac{2}{7} \times \frac{\overset{8}{56}}{13} \times \frac{\square}{\underset{1}{\square}}$$

$$= 2 \times \frac{8}{13} \times \frac{\square}{\square} = 2 \text{입니다.}$$

어떤 분수의 분모는 8, 분자는 13이 됩니다.

➡ $\dfrac{\square}{\square} = \dfrac{13}{8} = 1\dfrac{5}{8}$입니다.

06 3월에 받은 용돈 중 지갑에 넣은 돈은 3월 용돈의 $\dfrac{4}{7}$입니다. 그중 사용한 금액은 3월 용돈의 $\dfrac{4}{7} \times \dfrac{\overset{1}{7}}{9} = \dfrac{4}{9}$이므로 $\overset{7000}{63000} \times \dfrac{4}{\underset{1}{9}} = 28000$(원)입니다.

저금통에 넣은 돈 중 사용한 금액은 3월 용돈의

$$\frac{\overset{1}{3}}{7} \times \frac{1}{\underset{1}{3}} = \frac{1}{7} \text{이므로 } \overset{9000}{63000} \times \frac{1}{\underset{1}{7}} = 9000 \text{(원)입니다.}$$

따라서 희진이가 3월에 받은 용돈 중 쓴 금액은 모두 28000 + 9000 = 37000(원)입니다.

07 현정이네 반 학생 중 피구를 하고 싶어 하는 학생은

$$\overset{6}{30} \times \frac{2}{\underset{1}{3}} \times \frac{1}{\underset{1}{5}} = 12 \text{(명)입니다.}$$

현정이네 반 학생들 중에서 공 2개로 피구를 하고 싶어 하는 학생은 $\overset{6}{12} \times \dfrac{1}{\underset{1}{2}} = 6$(명)입니다.

따라서 피구를 하고 싶어 하는 학생 중 공 2개로 피구를 하고 싶지 않은 학생은 12 − 6 = 6(명)입니다.

08 정삼각형 1개의 넓이는

$$7\frac{1}{9} \times \frac{1}{4} = \frac{\overset{16}{64}}{9} \times \frac{1}{\underset{1}{4}} = \frac{16}{9} = 1\frac{7}{9} \text{ (cm}^2\text{)입니다.}$$

색칠한 부분 중 직각삼각형의 넓이는 정삼각형 1개의 $\dfrac{1}{2}$이므로

$$1\frac{7}{9} \times \frac{1}{2} = \frac{\overset{8}{16}}{9} \times \frac{1}{\underset{1}{2}} = \frac{8}{9} \text{ (cm}^2\text{)입니다.}$$

따라서 색칠한 부분의 넓이는

$$1\frac{7}{9} + \frac{8}{9} = \frac{16}{9} + \frac{8}{9} = \frac{\overset{8}{24}}{\underset{3}{9}} = \frac{8}{3} = 2\frac{2}{3} \text{ (cm}^2\text{)입니다.}$$

LEVEL 종합

38~40쪽

01 $<$ **02** $\dfrac{1}{18}$ m, $\dfrac{1}{324}$ m² **03** 23, 24, 25

04 $3\dfrac{11}{15}$ kg **05** 102쪽 **06** 영현 **07** $2\dfrac{22}{25}$ m²

08 $25\dfrac{7}{9}$ cm² **09** $8\dfrac{3}{4}$ **10** 60명

11 100000원 **12** $\dfrac{7}{16}$배

01 $\dfrac{\overset{}{\underset{3}{4}}}{9} \times \dfrac{1}{\underset{2}{8}} \times \dfrac{\overset{2}{6}}{7} = \dfrac{1}{21}$, $\dfrac{4}{7} \times \dfrac{2}{9} \times \dfrac{\overset{1}{3}}{\underset{1}{4}} = \dfrac{2}{21}$

➡ $\dfrac{1}{21} < \dfrac{2}{21}$

02 1명이 가지는 리본 끈의 길이는 $\overset{2}{\cancel{8}} \atop 9 \times \frac{1}{\underset{1}{\cancel{4}}} = \frac{2}{9}$ (m)입니다. 이 리본 끈으로 만든 정사각형의 한 변의 길이는 $\overset{1}{\cancel{2}} \atop 9 \times \frac{1}{\underset{2}{\cancel{4}}} = \frac{1}{18}$ (m)입니다.

이 정사각형의 넓이는 $\frac{1}{18} \times \frac{1}{18} = \frac{1}{324}$ (m²)입니다.

03 $\frac{11}{\underset{3}{\cancel{12}}} \times \overset{2}{\cancel{8}} = \frac{22}{3}$, $4\frac{1}{3} \times 2 = \frac{13}{3} \times 2 = \frac{26}{3}$,

$\frac{\square}{\underset{3}{\cancel{9}}} \times \overset{1}{\cancel{3}} = \frac{\square}{3}$

따라서 $\frac{22}{3} < \frac{\square}{3} < \frac{26}{3}$이므로 $\square$ 안에 들어갈 수 있는 자연수는 23, 24, 25입니다.

04 $1\frac{2}{5} \times 4 \times \frac{2}{3} = \frac{7}{5} \times 4 \times \frac{2}{3} = \frac{56}{15} = 3\frac{11}{15}$ (kg)

05 (첫째 날 읽은 쪽수)$= \overset{102}{\cancel{510}} \times \frac{1}{\underset{1}{\cancel{5}}} = 102$(쪽)

(남은 쪽수)$= 510 - 102 = 408$(쪽)

(둘째 날 읽은 쪽수)$= \overset{102}{\cancel{408}} \times \frac{3}{\underset{1}{\cancel{4}}} = 306$(쪽)

➡ (더 읽어야 할 쪽수)$= 408 - 306 = 102$(쪽)

06 (미진이가 사용한 철사)
$= \overset{1}{\cancel{5}} \times \frac{7}{\underset{3}{\cancel{15}}} = \frac{7}{3} = 2\frac{1}{3}$ (m)

(미진이에게 남은 철사)
$= 5 - 2\frac{1}{3} = 5 - \frac{7}{3} = \frac{15}{3} - \frac{7}{3} = \frac{8}{3} = 2\frac{2}{3}$ (m)

(영현이가 사용한 철사)
$= \overset{2}{\cancel{6}} \times \frac{4}{\underset{3}{\cancel{9}}} = 2 \times \frac{4}{3} = \frac{8}{3} = 2\frac{2}{3}$ (m)

(영현이에게 남은 철사)
$= 6 - 2\frac{2}{3} = 6 - \frac{8}{3} = \frac{18}{3} - \frac{8}{3} = \frac{10}{3} = 3\frac{1}{3}$ (m)

(균상이가 사용한 철사)
$= \overset{2}{\cancel{8}} \times \frac{3}{\underset{1}{\cancel{4}}} = 6$ (m)

(균상이에게 남은 철사)
$= 8 - 6 = 2$ (m)
따라서 철사가 가장 많이 남은 사람은 영현이입니다.

07 정사각형의 둘레가 $9\frac{3}{5}$ m일 때 정사각형 한 변의 길이는 $9\frac{3}{5} \times \frac{1}{4} = \frac{\overset{12}{\cancel{48}}}{5} \times \frac{1}{\underset{1}{\cancel{4}}} = \frac{12}{5} = 2\frac{2}{5}$ (m)입니다.

(색칠한 삼각형의 넓이)
$= 2\frac{2}{5} \times 2\frac{2}{5} \times \frac{1}{2} = \frac{12}{5} \times \frac{12}{5} \times \frac{1}{\underset{1}{\cancel{2}}}$
$= \frac{72}{25} = 2\frac{22}{25}$ (m²)

08 $\left(6\frac{2}{5} \times 4\frac{1}{6} \right) - \left(1\frac{1}{3} \times \frac{2}{3} \right)$
$= \frac{\overset{16}{\cancel{32}}}{\underset{1}{\cancel{5}}} \times \frac{\overset{5}{\cancel{25}}}{\underset{3}{\cancel{6}}} - \frac{4}{3} \times \frac{2}{3} = \frac{80}{3} - \frac{8}{9}$
$= \frac{240}{9} - \frac{8}{9} = \frac{232}{9} = 25\frac{7}{9}$ (cm²)

09 수 카드를 각각 한 번씩만 사용하여 만들 수 있는 가장 작은 대분수는 $2\frac{5}{8}$입니다.

➡ $2\frac{5}{8} \times 3\frac{1}{3} = \frac{21}{\underset{4}{\cancel{8}}} \times \frac{\overset{5}{\cancel{10}}}{\underset{1}{\cancel{3}}} = \frac{35}{4} = 8\frac{3}{4}$

10 5학년 남학생 중 축구를 좋아하면서 매주 축구를 하는 학생은 전체의 $\frac{4}{\underset{3}{\cancel{9}}} \times \overset{1}{\cancel{3}} \atop 5 \times \frac{1}{\underset{1}{\cancel{2}}} = \frac{2}{15}$입니다.

➡ $\overset{30}{\cancel{450}} \times \frac{2}{\underset{1}{\cancel{15}}} = 60$(명)

11 둘째 강아지의 무게는

$$4\frac{1}{3} \times 1\frac{1}{6} = \frac{13}{3} \times \frac{7}{6} = \frac{91}{18} = 5\frac{1}{18} \text{ (kg)}$$ 입니다.

첫째 강아지 미용 비용은 40000원이고 둘째 강아지 미용 비용은 60000원이므로 모두

$$40000 + 60000 = 100000 \text{(원)}$$ 입니다.

12 직사각형의 세로는 처음 세로의 $\frac{3}{4}$배만큼을 줄였으므로 새로 만든 직사각형의 세로는 처음 정사각형의 세로의 $1 - \frac{3}{4} = \frac{1}{4}$(배)입니다.

따라서 새로 만든 직사각형의 넓이는 처음 정사각형의 넓이의 $1\frac{3}{4} \times \frac{1}{4} = \frac{7}{4} \times \frac{1}{4} = \frac{7}{16}$(배)입니다.

---

3 단원 합동과 대칭

● 개념알기 **개념 1**   42쪽

1 가   **2** (1) 점 ㅇ, 점 ㅅ, 점 ㅂ, 점 ㅁ
(2) 변 ㅇㅅ, 변 ㅅㅂ, 변 ㅁㅂ, 변 ㅇㅁ

● 개념 응용하기 **응용 1**   43쪽

ㄹㅁ, 같으므로에 ○표, 8, ㄱㄷㄴ, 같으므로에 ○표, 50 /
90, 50, 40 (또는 50, 90, 40)

1 15 cm   **2** 23 cm

1 변 ㅅㅇ의 대응변은 변 ㄴㄱ이므로 15 cm입니다.

2 변 ㅁㅇ의 대응변은 변 ㄹㄱ이므로
(변 ㅁㅇ)=(변 ㄹㄱ)=6 cm
변 ㅇㅅ의 대응변은 변 ㄱㄴ이므로
(변 ㅇㅅ)=(변 ㄱㄴ)=6 cm
➡ (사각형 ㅁㅂㅅㅇ의 둘레)
=6+4+7+6=23 (cm)

● 개념알기 **개념 2**   44쪽

1 가, 나   **2** 풀이 참조, 다

1 한 직선을 따라 접었을 때 완전히 겹치는 도형은 가, 나입니다.

2 주어진 도형의 대칭축을 그려보면 다음과 같습니다.

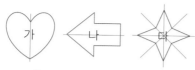

1개   1개   4개

따라서 대칭축이 가장 많은 도형은 다입니다.

대칭축, 가, 다, 라, 마

---

1 가, 다   **2** 10개

1

가   나   다   라

2개   1개   5개   0개

2

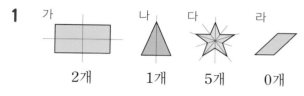

가   나   다

0개   4개   6개

➡ 대칭축의 수의 합: 4+6=10(개)

---

1 나, 다   **2** 풀이 참조

---

1 점대칭도형은 대칭의 중심을 중심으로 180° 돌렸을 때 처음 도형과 완전히 겹치는 도형입니다.

2

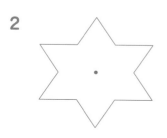

ㄷㄹ, 같으므로에 ○표, 2

---

1 16 cm   **2** 7 cm

---

1 (변 ㄱㄴ)=(변 ㄱㅂ)=2 cm
변 ㄷㄹ의 대응변은 변 ㅂㄱ이므로
(변 ㄷㄹ)=(변 ㅂㄱ)=2 cm입니다.
변 ㄹㅁ의 대응변은 변 ㄱㄴ이므로
(변 ㄹㅁ)=(변 ㄱㄴ)=2 cm입니다.
변 ㅂㅁ의 대응변은 변 ㄷㄴ이므로
(변 ㅂㅁ)=(변 ㄷㄴ)=4 cm입니다.
➡ (점대칭도형의 둘레)
   =2+4+2+2+4+2=16 (cm)

2 지름이 20 cm이므로
(선분 ㄱㄴ)=20−6=14 (cm)입니다.
점 ㅇ은 대칭의 중심이므로 (선분 ㄱㅇ)=(선분 ㄴㅇ)
입니다.
따라서 (선분 ㄱㅇ)=14÷2=7 (cm)입니다.

---

01 (○) (   ) (   )   **02** 110   **03** 풀이 참조

04 4 cm

05 (1) **A, C, D, O, I, X** (2) **O, I, X** (3) **O, I, X**

06 ㉡, ㉢   **07** 4 cm   **08** 32 cm²

---

01 모양과 크기가 같아서 포개었을 때 완전히 겹치는 두 도형을 찾습니다.

02 점대칭도형이므로 대칭의 중심을 찾고 대응각을 찾습니다. ☐°의 대응각은 110°인 각이므로 ☐°=110°입니다.

03

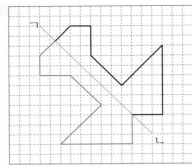

04 변 ㅅㅇ의 대응변은 변 ㄷㄴ이므로
(변 ㅅㅇ)＝(변 ㄷㄴ)＝1 cm입니다.
변 ㄱㅇ의 대응변은 변 ㄱㄴ이므로
(변 ㄱㅇ)＝(변 ㄱㄴ)＝3 cm입니다.
➡ (변 ㅅㅇ)＋(변 ㄱㅇ)＝1＋3＝4 (cm)

05 선대칭도형인 알파벳은 **A, C, D, O, I, X**이고, 점대칭
도형인 알파벳은 **O, I, X**입니다. 선대칭도형이면서 점
대칭도형인 알파벳은 **O, I, X**입니다.

06

6개 도형 모두 선대칭도형이고 이 중 점대칭도형은
ㄴ, ㅁ입니다.

07 변 ㄹㄷ의 대응변은 변 ㅇㅈ이므로 1 cm입니다.
➡ (변 ㄴㄷ)＝16－5－4－2－1＝4 (cm)

08 선대칭도형이므로 변 ㄱㄴ의 대응변은 변 ㄹㄷ이므로
8 cm입니다. 따라서 직사각형 ㄱㄴㄷㄹ의 넓이는
2×8×2＝32 (cm²)입니다.

LEVEL 2

01 ㄴ, ㅁ   **02** 4 cm   **03** 풀이 참조, 68 cm²

04 30°   **05** 점 ㄴ, 점 ㄷ, 점 ㄹ, 점 ㅁ, 점 ㅂ

06 24 cm   **07** 4 cm   **08** 94°

01 네 변의 길이가 모두 같은 마름모와 정사각형은 각각의
대각선을 따라 잘랐을 때 잘린 도형이 항상 합동입니다.

02 합동인 두 정삼각형의 둘레의 합이 24 cm이므로 정
삼각형 1개의 둘레는 24÷2＝12 (cm)입니다.
따라서 정삼각형의 한 변의 길이는 12÷3＝4 (cm)
입니다.

03

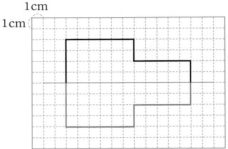

모눈 한 칸의 넓이는 1 cm²입니다. 완성한 선대칭도
형은 모눈 68칸이므로 넓이는 68 cm²입니다.

04 각 ㄷㄹㄱ의 대응각은 각 ㄷㄴㄱ이므로
(각 ㄷㄹㄱ)＝(각 ㄷㄴㄱ)＝60°입니다.
따라서 (각 ㄷㄱㄹ)＝180°－60°－90°＝30°입니다.

05

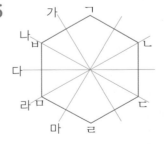

대칭축이 가일 때 대응점은 점 ㅂ,
대칭축이 나일 때 대응점은 점 ㅁ,
대칭축이 다일 때 대응점은 점 ㄹ,
대칭축이 라일 때 대응점은 점 ㄷ,
대칭축이 마일 때 대응점은 점 ㄴ입니다.

06 완성된 도형은 다음과 같습니다.
➡ (도형의 둘레)$=(6+3+2+1)\times2$
$$=12\times2=24\ (cm)$$

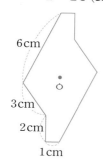

07 점대칭도형은 대응변의 길이가 같으므로 변 ㄴㄷ과 변 ㅂㅅ, 변 ㅅㅇ과 변 ㄷㄹ, 변 ㅁㅂ과 변 ㄱㄴ의 길이가 각각 같습니다.
(변 ㄱㅇ)＋(변 ㅁㄹ)$=20-(3+2+1+3+2+1)$
$$=8\ (cm)$$
변 ㄱㅇ과 변 ㅁㄹ의 길이가 같으므로
(변 ㄱㅇ)$=8\div2=4\ (cm)$입니다.

08 각 ㄴㄷㅇ의 대응각은 각 ㄹㄱㅇ이므로
(각 ㄴㄷㅇ)＝(각 ㄹㄱㅇ)$=43°$입니다.
➡ (각 ㄴㅇㄷ)$=180°-(43°+43°)=94°$

LEVEL 3　　52~53쪽

01 48°	**02** 112°	**03** 96 cm	**04** 68°
05 60 cm²	**06** 27 cm	**07** 20 cm	**08** 12 cm²

01 (각 ㄱㄹㄴ)$=180°-90°-24°=66°$
두 삼각형이 합동이므로
(각 ㄹㄱㄷ)＝(각 ㄱㄹㄴ)$=66°$입니다.
➡ (각 ㄱㅁㄹ)$=180°-66°-66°=48°$

02 삼각형 ㄹㄴㅁ과 삼각형 ㅂㅁㄷ에서 각 ㅂㅁㄷ의 대응각은 각 ㄹㄴㅁ이므로 (각 ㅂㅁㄷ)$=90°$이고
(각 ㅁㅂㄷ)$=180°-90°-68°=22°$입니다.
각 ㄹㅂㅁ의 대응각은 각 ㅁㄴㄹ이므로
(각 ㄹㅂㅁ)$=90°$입니다.

(각 ㄹㅂㄷ)＝(각 ㄹㅂㅁ)＋(각 ㅁㅂㄷ)
$$=90°+22°=112°$$

03 각각의 대응변의 길이는 같으므로
(변 ㄷㄴ)＝(변 ㅁㄹ)＝(변 ㅅㅂ)＝(변 ㄱㅇ)$=17$ cm
(변 ㅈㄹ)＝(변 ㅈㅂ)$=8$ cm
(변 ㄷㄹ)$=15-8=7\ (cm)$
(변 ㄱㄴ)＝(변 ㄷㄹ)＝(변 ㅁㅂ)＝(변 ㅅㅇ)$=7$ cm
도형의 둘레는 $(17+7)\times4=96\ (cm)$입니다.

04 선대칭도형이므로 (각 ㄹㅁㅅ)＝(각 ㄱㅁㅅ)$=41°$입니다.
(각 ㄹㅁㅂ)$=180°-41°=139°$
(각 ㅁㅂㄷ)＝(각 ㅁㅂㄴ)$=90°$
(각 ㅂㄷㄹ)＝(각 ㅂㄷㄱ)$=63°$
➡ (각 ㅁㄹㄷ)$=360°-139°-90°-63°=68°$

05 (선분 ㄱㄷ)$=36-17-10=9\ (cm)$
(선분 ㅂㄹ)$=16\div2=8\ (cm)$
(선분 ㄱㅂ)$=9+6=15\ (cm)$
(삼각형 ㄱㅂㄹ의 넓이)$=15\times8\div2=60\ (cm^2)$

06 (변 ㄱㄴ)＋(변 ㄱㅇ)＋(변 ㅇㅅ)＋(변 ㄷㄹ)＋(변 ㄹㅁ)
＋(변 ㅁㅂ)$=(18+20+15)\times2=106\ (cm)$
(변 ㄴㄷ)＋(변 ㅂㅅ)$=132-106=26\ (cm)$
(변 ㄴㄷ)＝(변 ㅂㅅ)$=26\div2=13\ (cm)$
(선분 ㄷㅈ)＝(선분 ㅅㅈ)$=7$ cm
(선분 ㄴㅅ)＝(변 ㄴㄷ)＋(선분 ㄷㅈ)＋(선분 ㅈㅅ)
$$=13+7+7=27\ (cm)$$

07

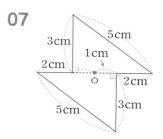

(점대칭도형의 둘레)$=(5+3+2)\times2=20\ (cm)$

08 (점대칭도형의 넓이)$=(4\times3\div2)\times2=12\ (cm^2)$

01 (각 ㄱㄴㄷ)=(각 ㄹㅁㄷ)=64°, 이등변삼각형이므로 (각 ㄹㄷㅁ)=(각 ㄹㅁㄷ)=64°입니다.

따라서 (각 ㄷㄹㅁ)=180°−64°−64°=52°입니다.

02 (각 ㄷㅁㅂ)=64°이므로

(각 ㅁㄷㅂ)=180°−64°−95°=21°입니다.

03 (삼각형 ㄱㄴㄷ의 넓이)

=(삼각형 ㄹㄴㄷ의 넓이)

=9×30÷2=135 (cm²)

(삼각형 ㅁㄴㄷ의 넓이)+(삼각형 ㄹㅁㄷ의 넓이)

=135 cm²

(삼각형 ㅁㄴㄷ의 넓이)=135−60=75 (cm²)

선분 ㅁㅂ의 길이를 □ cm라고 하면

30×□÷2=75, 15×□=75

□=4일 때, 15×4=60

□=5일 때, 15×5=75

따라서 선분 ㅁㅂ의 길이는 5 cm입니다.

04 (변 ㄱㄴ)=(변 ㄹㄷ)=5 cm

(변 ㄴㅇ)=(변 ㅁㅈ)=11 cm

(변 ㅇㄷ)=(변 ㄱㅅ)+(변 ㅅㅈ)=6+7=13 (cm)

(변 ㄴㄷ)=(변 ㄴㅇ)+(변 ㅇㄷ)

　　　　=11+13=24 (cm)

➡ (사각형 ㄱㄴㄷㄹ의 넓이)=24×5=120 (cm²)

05 (각 ㄱㄴㄷ)=(각 ㅁㄹㄷ)=42°

(각 ㄴㄷㅇ)=164÷2=82°

(각 ㄴㄷㅂ)=180°−82°=98°

➡ (각 ㄴㄱㅂ)=360°−42°−98°−90°=130°

06 (변 ㄱㄹ)=(변 ㄹㄴ)=8÷2=4 (cm)

(변 ㄴㅁ)=(변 ㅁㄷ)=6÷2=3 (cm)

(변 ㅁㅂ)=(변 ㄱㄹ)=4 cm

(변 ㅂㄹ)=(변 ㄴㅁ)=3 cm

따라서 삼각형 ㄹㅁㅂ의 넓이는 4×3÷2=6 (cm²)입니다.

07 사각형 ㄱㄴㄷㅊ과 사각형 ㅅㅋㅁㅂ의 넓이는 각각 11×11=121 (cm²)입니다.

사각형 ㅅㅋㄹㅊ의 넓이는 5×5=25 (cm²)입니다.

따라서 점대칭도형의 넓이는

121+121−25=217 (cm²)입니다.

08 선분 ㄱㅇ과 선분 ㄴㅇ은 원의 반지름으로 길이가 같으므로 삼각형 ㄱㄴㅇ은 이등변삼각형입니다.

(각 ㄴㄱㅇ)=(각 ㄱㄴㅇ)=44°

(각 ㄱㅇㄴ)=180°−44°−44°=92°

대응각의 크기는 같으므로

(각 ㄷㅇㄹ)=(각 ㄱㅇㄴ)=92°입니다.

01

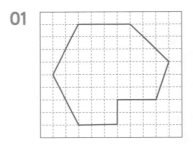

02 (변 ㄹㅇ)=(변 ㄱㅇ)=8 cm

➡ (선분 ㄱㄹ)=8+8=16 (cm)

03 (각 ㄴㄹㄷ)=(각 ㄷㄱㄴ)=30°입니다.

➡ (각 ㄹㄴㄷ)=180°−110°−30°=40°

04 (각 ㄱㄹㄷ)=(각 ㄷㄴㄱ)=100°

➡ (각 ㄱㄹㄷ)=180°−100°−49°=31°

05 (각 ㅁㄷㄹ)=(각 ㄱㄴㄷ)=50°

(각 ㄱㄷㄴ)=180°−90°−50°=40°

➡ (각 ㄱㄷㅁ)=180°−40°−50°=90°

06 선대칭도형에서 대칭축은 대응점끼리 이은 선분을 둘로 똑같이 나눕니다. 따라서 색칠한 삼각형의 밑변의 길이는 8 cm입니다.

➡ (색칠한 부분의 넓이)=8×6÷2=24 (cm²)

07 (각 ㄱㄴㄷ)=(각 ㅁㄹㄷ)=75°

(각 ㄱㅂㄷ)=360°−80°−75°−90°=115°

(각 ㄱㅂㅅ)=180°−115°=65°

(각 ㄱㅂㅅ)=(각 ㅁㅂㅅ)=65°

➡ (각 ㄱㅂㅁ)=65°+65°=130°

08 (삼각형 ㄱㅁㅂ의 넓이)=2×11÷2=11 (cm²)

➡ (점대칭도형의 넓이)=11×2=22 (cm²)

09 (변 ㅁㄹ)=(변 ㅁㅂ)=3 cm

(변 ㄷㄹ)=(변 ㄱㅂ)=4 cm

➡ (직사각형 ㄱㄴㄷㄹ의 넓이)
=8×4=32 (cm²)

10 (각 ㄱㄴㄹ)=(각 ㄷㄴㄹ)=125°

(각 ㄱㄹㄴ)=180°−20°−125°=35°

(각 ㄱㄹㄴ)=(각 ㄷㄹㄴ)이므로

(각 ㄱㄹㄷ)=35°×2=70°입니다.

11 (둘레)=(7+1+3+2+4)×2
=17×2=34 (cm)

12 삼각형 ㄱㅁㅂ과 삼각형 ㄱㄹㅂ은 서로 합동입니다.

(각 ㅁㄱㅂ)=(각 ㄹㄱㅂ)=(90°−60°)÷2=15°,

(각 ㄱㅁㅂ)=(각 ㄱㄹㅂ)=90°이므로

(각 ㄱㅂㄹ)=(각 ㄱㅂㅁ)=180°−15°−90°=75°

➡ (각 ㅁㅂㄷ)=180°−75°−75°=30°

4단원 소수의 곱셈

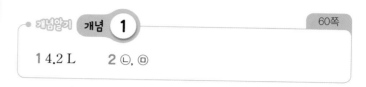

개념알기 개념 **1** 60쪽

1 4.2 L **2** ㉡, ㉤

1 (지우가 일주일 동안 마시는 우유의 양)
=0.4×7=2.8 (L)

(동생이 일주일 동안 마시는 우유의 양)
=0.2×7=1.4 (L)

➡ 2.8+1.4=4.2 (L)

2 곱하는 수가 1보다 크면 계산 결과는 곱해지는 수보다 더 커집니다.

개념 응용하기 응용 **1** 61쪽

30, 1, 2.5, 2.5, 15

1 4.8 km **2** 91시간 30분 **3** 52.75 L

1 1시간 36분=$1\frac{36}{60}$시간=$1\frac{6}{10}$시간=1.6시간

➡ 3×1.6=4.8 (km)

2 1시간 30분=$1\frac{30}{60}$시간=$1\frac{1}{2}$시간이므로 소수로 나타내면 1.5시간입니다. 3월은 31일, 4월은 30일이므로 3월과 4월 두 달 동안 연아가 스케이트 연습을 한 날은 61일입니다.

따라서 연아가 스케이트 연습을 한 시간은 모두
1.5×61=91.5(시간)

➡ 91.5시간=$91\frac{1}{2}$시간=$91\frac{30}{60}$시간
=91시간 30분입니다.

3 3분 45초 $=3\dfrac{45}{60}$ 분 $=3\dfrac{3}{4}$ 분 $=3\dfrac{75}{100}$ 분 $=3.75$분,

4분 15초 $=4\dfrac{15}{60}$ 분 $=4\dfrac{1}{4}$ 분 $=4\dfrac{25}{100}$ 분 $=4.25$분

가: 1분에 5 L씩 3분 45초 동안 받은 물의 양은
$5 \times 3.75 = 18.75$ (L)입니다.

나: 1분에 8 L씩 4분 15초 동안 받은 물의 양은
$8 \times 4.25 = 34$ (L)입니다.

따라서 두 수도에서 받은 물은 모두
$18.75 + 34 = 52.75$ (L)입니다.

1 0.765 kg　　　2 ㉢　　　3 9

1 (탄수화물의 성분) = (빵가루의 양) × 0.85
$= 0.9 \times 0.85 = 0.765$ (kg)

2 ㉠ 3.7×2.3은 4의 2배로 어림하면 5보다 큽니다.
　㉡ 2.5×2.5는 2.5의 2배인 5보다 크므로 5보다 큽니다.
　㉢ 2.7의 1.8배는 2.7의 2배인 5.4보다 작으므로 5보다 작습니다.
　㉣ 7.1의 0.8배는 7의 0.8로 어림하면 5보다 큽니다.

3 $6.8 \times 1.4 = 9.52$이므로 □ < 9.52입니다.
따라서 □ 안에 들어갈 수 있는 가장 큰 자연수는 9입니다.

8, 6, 8, 6, 52.08, 8, 6, 52.48, 52.48
또는 6, 8, 6, 8, 52.48, 6, 8, 52.08, 52.48

1 6.63　　　2 0.095　　　3 68.913

1 곱이 가장 작은 곱셈식을 만들기 위해 일의 자리에 놓아야 하는 두 수는 가장 작은 수와 두 번째로 작은 수인 1, 3입니다.

$1.7 \times 3.9 = 6.63$, $3.7 \times 1.9 = 7.03$이므로
곱이 가장 작은 곱셈식의 곱은 6.63입니다.

2 곱이 가장 작은 곱셈식을 만들기 위해 소수 첫째 자리에 놓아야 하는 두 수는 가장 작은 수와 두 번째로 작은 수인 2, 3입니다.
$0.25 \times 0.38 = 0.095$, $0.28 \times 0.35 = 0.098$이므로
곱이 가장 작은 곱셈식의 곱은 0.095입니다.

3 곱이 가장 큰 곱셈식을 만들려면 일의 자리에 가장 큰 수와 두 번째로 큰 수를 놓아야 합니다.
$9 > 7 > 4 > 3 > 1$에서 9와 7을 각각 일의 자리에 놓아야 하고, 소수 첫째 자리에 세 번째로 큰 수와 네 번째로 큰 수를 놓아야 하므로 4와 3을 각각 소수 첫째 자리에 놓습니다.
$9.41 \times 7.3 = 68.693$, $9.31 \times 7.4 = 68.894$,
$7.41 \times 9.3 = 68.913$, $7.31 \times 9.4 = 68.714$이므로
곱이 가장 클 때의 곱은 68.913입니다.

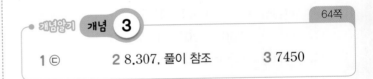

1 ㉢　　　2 8.307, 풀이 참조　　　3 7450

1 ㉠ $86 \times 0.1 = 8.6$
　㉡ $860 \times 0.01 = 8.6$
　㉢ $0.86 \times 100 = 86$

2 예 $2.13 \times 3.9 = 8.307$입니다. 왜냐하면 2.13×3.9는 2.13의 4배로 어림하면 8.52보다 작은 값이기 때문입니다.

3 어떤 수에 0.01을 곱해서 소수점이 왼쪽으로 두 자리 옮겨진 것이 0.745이므로 어떤 수는 0.745의 100배입니다. ➡ (어떤 수) = 74.5
따라서 바르게 계산하면 $74.5 \times 100 = 7450$입니다.

1 $0.85 \times 0.6 = 0.51$이어야 하는데 잘못 눌러서 5.1이 나왔으므로 8.5와 0.6을 눌렀거나 0.85와 6을 누른 것입니다.

2 $7 \times 123 = 861$이므로 0.7×1.23은 0.7과 1.23의 소수점 아래 자리 수를 더한 것만큼 소수점을 왼쪽으로 세 자리 옮기면 0.861입니다.

3 $45 \times 74 = 3330$이므로 4.5×7.4는 4.5와 7.4의 소수점 아래 자리 수를 더한 것만큼 소수점을 왼쪽으로 두 자리 옮기면 33.3입니다.

01 수에 10, 100을 곱하면 곱의 소수점이 오른쪽으로 한 칸씩 옮겨지고, 수에 0.1, 0.01을 곱하면 곱의 소수점이 왼쪽으로 한 칸씩 옮겨집니다.
㉠ $8.13 \times 100 = 813$ ㉡ $0.813 \times 10 = 8.13$
㉢ $813 \times 0.1 = 81.3$ ㉣ $8130 \times 0.01 = 81.3$

02 보리가 10 g에 30.5원이므로 600 g을 사려면 30.5원의 60배인 $30.5 \times 60 = 1830$(원)을 내야 합니다.

03 2 L의 $1 + 0.4 = 1.4$(배)는 $2 \times 1.4 = 2.8$ (L)입니다.
따라서 이 세탁 세제를 6통 사면 모두
$2.8 \times 6 = 16.8$ (L)만큼 사는 셈입니다.

04 정팔각형의 변이 8개이고 변의 길이가 모두 같습니다.
➡ (정팔각형의 둘레) = $16.3 \times 8 = 130.4$ (cm)

05 (8000바트의 가격) = $36.99 \times 8000 = 295920$(원)

06 어떤 수를 □라고 하면 $8315 \times □ = 8.315$이고, 8.315는 8315의 소수점이 왼쪽으로 3칸 옮겨진 것이므로 □ = 0.001입니다.
따라서 20.7에 어떤 수를 곱한 값은
$20.7 \times 0.001 = 0.0207$입니다.

07 3월은 31일이므로 사료는 $0.3 \times 31 = 9.3$ (kg)이 필요합니다. 따라서 2 kg짜리 사료를 적어도 5포 사야 합니다.

08 빵 10개의 무게는 $0.083 \times 10 = 0.83$ (kg)입니다.
1 kg = 1000 g이므로
0.83 kg은 $0.83 \times 1000 = 830$ (g)입니다.
초콜릿 100개의 무게는 $8.5 \times 100 = 850$ (g)입니다.
따라서 830 < 850이므로 초콜릿 100개가 더 무겁습니다.

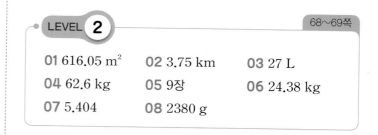

01 새로운 주차장의 한 변의 길이는
$22.2 \times 1.5 = 33.3$ (m)이므로 새로운 주차장의 넓이는 $33.3 \times 33.3 = 1108.89$ (m²)입니다.
처음 주차장의 넓이는 $22.2 \times 22.2 = 492.84$ (m²)이므로 처음보다 늘어난 주차장의 넓이는
$1108.89 - 492.84 = 616.05$ (m²) 더 넓습니다.

02 원 모양에서는 가로등을 설치한 간격 수와 가로등의 수가 같습니다.
(호수의 둘레)
= (가로등을 설치한 간격) × (가로등을 설치한 간격 수)
= $0.15 \times 25 = 3.75$ (km)

03 3시간 45분=$3\frac{45}{60}$시간=$3\frac{3}{4}$시간=$3\frac{75}{100}$시간
$\qquad\qquad$=3.75시간입니다.
자동차가 3.75시간 동안 달린 거리는
60×3.75=225 (km)입니다.
따라서 225 km를 달리는 데 필요한 휘발유의 양은
225×0.12=27 (L)입니다.

04 (지수의 몸무게)=(언니의 몸무게)×0.8
$\qquad\qquad\qquad$=48×0.8=38.4 (kg)
➡ (오빠의 몸무게)=(지수의 몸무게)×1.5+5
$\qquad\qquad\qquad$=38.4×1.5+5
$\qquad\qquad\qquad$=57.6+5=62.6 (kg)

05 3 kg=3000 g이므로 밀가루 3 kg의 가격은
2.8×3000=8400(원)입니다.
따라서 1000원짜리 지폐가 최소 9장 있어야 밀가루
3 kg을 살 수 있습니다.

06 금성과 수성에서 잰 민호의 몸무게를 각각 구하면
금성: 46×0.91=41.86 (kg),
수성: 46×0.38=17.48 (kg)
따라서 금성과 수성에서 잰 민호의 몸무게의 차는
41.86−17.48=24.38 (kg)입니다.

07 0<5<6<9이므로 만들 수 있는 가장 큰 소수 두
자리 수는 9.65, 가장 작은 소수 두 자리 수는 0.56입
니다.
따라서 두 수의 곱은 9.65×0.56=5.404입니다.

08 무르지 않은 딸기는 전체의 1−0.15=0.85이므로
4×0.85=3.4 (kg)입니다.
냉장고에 넣은 딸기는 이 중 1−0.3=0.7이므로
3.4×0.7=2.38 (kg)입니다.
1 kg=1000 g이므로 2.38 kg=2380 g입니다.

70~71쪽

LEVEL 3

01 237.5 cm	**02** 2380 m	**03** 3900대
04 16.2 km	**05** 4	**06** 0.975배
07 0.99 kg	**08** 38.88 cm	

01 (색 테이프 21장의 길이의 합)
$\quad$=12.5×21=262.5 (cm)
색 테이프 21장을 이어 붙였을 때 겹쳐진 부분은
21−1=20(군데)입니다.
(겹쳐진 부분의 길이의 합)=1.25×20=25 (cm)
➡ (이어 붙인 색 테이프의 전체 길이)
$\quad$=262.5−25=237.5 (cm)

02 (소리가 7초 동안 이동한 거리)
$\quad$=(1초 동안 이동한 거리)×7
$\quad$=0.34×7=2.38 (km)
1 km=1000 m이므로 천둥소리를 들은 곳은 번개
가 친 곳에서 2.38 km=2380 m 떨어져 있습니다.

03 지난달 판매량이 6500대이므로 이번 달의 목표 판매
량은 6500×1.4=9100(대)입니다.
오늘까지 6500×0.8=5200(대) 팔았으므로 이번
달에 9100−5200=3900(대) 더 팔아야 이번 달의
목표 판매량을 채울 수 있습니다.

04 2시간 15분=$2\frac{15}{60}$시간=$2\frac{1}{4}$시간
$\qquad\qquad$=$2\frac{25}{100}$시간=2.25시간입니다.
(하나가 2시간 15분 동안 걸은 거리)
$\quad$=3.2×2.25=7.2 (km)
(두나가 2시간 15분 동안 걸은 거리)
$\quad$=4×2.25=9 (km)
➡ (도로의 길이)=7.2+9=16.2 (km)

05 0.8을 50번 곱하면 곱은 소수 50자리 수가 되므로 소
수 50째 자리 숫자는 소수점 아래 끝자리 숫자입니다.
0.8을 계속 곱하면 소수점 아래 끝자리 숫자는 8, 4,

2, 6이 반복됩니다.

따라서 $50 \div 4 = 12 \cdots 2$이므로 곱의 소수 50째 자리 숫자는 8, 4, 2, 6 중 둘째 숫자인 4입니다.

06 이번 달 입장료는 지난달보다 0.3배 올랐으므로 지난달 입장료를 □원이라고 하면 이번 달 입장료는 $(□ \times 1.3)$원입니다.

입장료의 0.25만큼을 할인해 주면 입장료의 $1 - 0.25 = 0.75$(배)만큼만 내면 되므로 이번 주 수요일의 입장료는 $(□ \times 1.3 \times 0.75)$원입니다.

$(□ \times 1.3 \times 0.75)$원$=(□ \times 0.975)$원이므로 이번 주 수요일의 입장료는 지난달 입장료의 0.975배입니다.

07 1000 mL $=$ 1 L이므로 200 mL $=$ 0.2 L입니다.

(올리브유 0.2 L의 무게)
$= 2.52 - 2.34 = 0.18$ (kg)

$0.2 \times 5 = 1$이므로 올리브유 1 L의 무게는 올리브유 0.2 L의 무게의 5배입니다.

(올리브유 1 L의 무게) $= 0.18 \times 5 = 0.9$ (kg)

(올리브유 1.7 L의 무게) $= 0.9 \times 1.7 = 1.53$ (kg)

➡ (빈 병의 무게) $= 2.52 - 1.53 = 0.99$ (kg)

08 (공이 첫 번째로 튀어 오른 높이)
$= 180 \times 0.6 = 108$ (cm)

(공이 두 번째로 튀어 오른 높이)
$= 108 \times 0.6 = 64.8$ (cm)

(공이 세 번째로 튀어 오른 높이) $= 64.8 \times 0.6$
$= 38.88$ (cm)

LEVEL 4

72~73쪽

01 38.4 mm **02** 74880 km **03** 183.66 L

04 2.04 m **05** 2494.8 cm² **06** 4분

07 110.25 cm² **08** 2.64 m

---

01 우드락 한 장을 반으로 잘라 겹쳐 놓으면 두께가 2배가 됩니다.

(5번 잘라 겹쳐 놓은 우드락의 두께)
$= 0.12 \times \underbrace{2 \times 2 \times 2 \times 2 \times 2}_{5번}$
$= 0.12 \times 32$
$= 3.84$ (cm)

1 cm $=$ 10 mm이므로 우드락 한 장을 5번 잘라 겹쳐 놓은 전체 두께는 $3.84 \times 10 = 38.4$ (mm)입니다.

02 (화성의 반지름) $= 6400 \times 0.5 = 3200$ (km)
(목성의 반지름) $= 6400 \times 11.2 = 71680$ (km)

➡ (화성의 반지름과 목성의 반지름의 합)
$= 3200 + 71680 = 74880$ (km)

03 (1분 동안 두 수도꼭지를 동시에 틀어 통에 받을 수 있는 물의 양) $= 17.5 - 1.2 = 16.3$ (L)

8분 12초 $= 8\dfrac{12}{60}$ 분 $= 8\dfrac{2}{10}$ 분 $= 8.2$분

(8분 12초 동안 통에 담겨 있는 물의 양)
$= 50 + 16.3 \times 8.2$
$= 50 + 133.66 = 183.66$ (L)

04 (공이 첫 번째로 튀어 오른 높이)
$= 6 \times 0.65 = 3.9$ (m)

계단의 높이는 30 cm $=$ 0.3 m이고 공이 두 번째로 떨어진 높이가 $3.9 - 0.3 = 3.6$ (m)이므로

(공이 두 번째로 튀어 오른 높이)
$= 3.6 \times 0.65 = 2.34$ (m)

➡ (공이 두 번째로 튀어 올랐을 때 공과 계단 사이의 거리) $= 2.34 - 0.3 = 2.04$ (m)

05 A3 용지의 긴 변을 반으로 접어 자르면 A4 용지가 되므로 A3 용지의 긴 변은 A4 용지의 짧은 변의 길이의 2배와 같고,

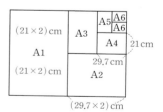

A3 용지의 짧은 변의 길이는 A4 용지의 긴 변의 길이와 같습니다.

즉, A3 용지의 긴 변의 길이는 $21 \times 2 = 42$ (cm)이고, 짧은 변의 길이는 29.7 cm입니다.

A2 용지의 긴 변을 반으로 접어 자르면 A3 용지가

되므로 A2 용지의 긴 변의 길이는 A3 용지의 짧은 변의 길이의 2배와 같고, A2 용지의 짧은 변의 길이는 A3 용지의 긴 변의 길이와 같습니다.

즉, A2 용지의 긴 변의 길이는 $29.7 \times 2 = 59.4$ (cm)이고, 짧은 변의 길이는 42 cm입니다.

따라서 A2 용지의 넓이는 $59.4 \times 42 = 2494.8$ (cm^2)입니다.

06 $1분 51초 = 1\dfrac{51}{60}분 = 1\dfrac{17}{20}분 = 1\dfrac{85}{100}분 = 1.85분$

미니관광열차의 길이를 $\square$ m라고 하면

$80 + \square = 62 \times 1.85$, $80 + \square = 114.7$,

$\square = 34.7$

➡ (터널을 완전히 통과하는 데 걸리는 시간)

$\quad = (213.3 + 34.7) \div 62 = 248 \div 62 = 4(분)$

07 삼각형 ㄱㄴㄷ의 넓이와 삼각형 ㄷㄹㄱ의 넓이는 같고 삼각형 ㄱㄱㅈ의 넓이와 삼각형 ㅈㅁㄱ의 넓이는 같으며 삼각형 ㅈㅂㄷ의 넓이와 삼각형 ㄷㅇㅈ의 넓이도 같습니다.

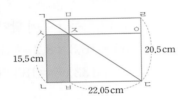

따라서 사각형 ㅅㄴㅂㅈ의 넓이는 사각형 ㅁㅈㅇㄹ의 넓이와 같으므로 색칠한 부분의 넓이는

$22.05 \times (20.5 - 15.5)$

$= 22.05 \times 5 = 110.25$ (cm^2)입니다.

08 연못에 넣은 두 막대의 길이를 그림으로 알아보면 다음과 같습니다.

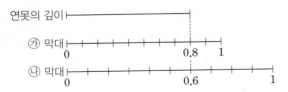

㉮와 ㉯ 두 막대를 한 칸의 크기가 같아지도록 각각 30칸과 40칸으로 나누면 다음과 같습니다.

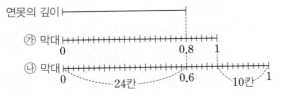

두 막대의 눈금 수의 차는 10칸이고 두 막대의 길이의 차는 1.1 m이므로 눈금 한 칸의 크기는 0.11 m입니다.

따라서 연못의 깊이는 $0.11 \times 24 = 2.64$ (m)입니다.

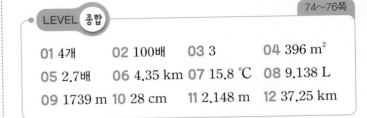

LEVEL 종합

74~76쪽

01 4개	**02** 100배	**03** 3	**04** 396 m^2
05 2.7배	**06** 4.35 km	**07** 15.8 ℃	**08** 9.138 L
09 1739 m	**10** 28 cm	**11** 2.148 m	**12** 37.25 km

01 $4.25 \times 1.6 = 6.8$, $2.8 \times 3.9 = 10.92$

$6.8 < \square < 10.92$이므로 $\square$ 안에 들어갈 수 있는 자연수는 7, 8, 9, 10으로 모두 4개입니다.

02 어떤 수를 $\square$라고 하면

바른 계산: $\square \times 5$,

잘못한 계산: $\square \times 0.05$입니다.

$0.05 \times 100 = 5$이므로 바르게 계산한 값은 잘못 계산한 값의 100배입니다.

03 0.7을 35번 곱하면 곱은 소수 35자리 수가 되므로 소수 35째 자리 숫자는 소수점 아래 끝자리 숫자입니다.

0.7을 여러 번 곱하면 다음과 같습니다.

0.7

$0.7 \times 0.7 = 0.49$

$0.7 \times 0.7 \times 0.7 = 0.343$

$0.7 \times 0.7 \times 0.7 \times 0.7 = 0.2401$

$0.7 \times 0.7 \times 0.7 \times 0.7 \times 0.7 \times 0.7 = 0.16807\cdots\cdots$

0.7을 계속 곱하면 소수점 아래 끝자리 숫자는 7, 9, 3, 1이 반복됩니다.

따라서 $35 \div 4 = 8\cdots3$이므로 곱의 소수 35째 자리 숫자는 7, 9, 3, 1 중 셋째 숫자인 3입니다.

04 햄버거 1개에 들어가는 소고기를 얻을 때 숲 1.5평 정도가 사라지므로 햄버거 80개에 들어가는 소고기를 얻을 때 숲 $1.5 \times 80 = 120(평)$ 정도가 사라집니다.

1평은 약 3.3 m^{2}이므로 120평은

$120 \times 3.3 = 396 \ (m^2)$입니다. 따라서 햄버거 80개에 들어가는 소고기를 얻는 과정에서 사라지는 숲은 약 $396 \ m^2$입니다.

05 직사각형의 세로는 처음 세로의 0.25배만큼을 줄였으므로 새로 만든 직사각형의 세로는 처음 직사각형의 세로의 $1 - 0.25 = 0.75$(배)입니다. 처음 직사각형의 넓이를 1이라 하면 새로 만든 직사각형의 넓이는 $3.6 \times 0.75 = 2.7$이므로 처음 직사각형의 넓이의 2.7배입니다.

06 (도로 한쪽에 세운 가로등의 수)$=60 \div 2 = 30$(개)
(도로 한쪽에 세운 가로등 사이의 간격 수)
$=30 - 1 = 29$(개)
➡ (도로의 길이)$=0.15 \times 29 = 4.35 \ (km)$

07 대류권에서 높이가 $1 \ km = 1000 \ m$씩 높아질 때마다 약 6 ℃씩 낮아지므로 $1 \ m = 0.001 \ km$씩 높아질 때마다 약 $6 \times 0.001 = 0.006 \ (℃)$씩 낮아집니다.
높이가 $1 \ m$ 높아질 때마다 기온이 0.006 ℃씩 낮아지므로 높이가 1950 m인 산 정상의 기온은 지표면의 기온보다 약 $0.006 \times 1950 = 11.7 \ (℃)$ 낮습니다.
따라서 지표면에서의 기온이 27.5 ℃일 때 높이가 1950 m인 산 정상에서의 기온은
약 $27.5 - 11.7 = 15.8 \ (℃)$입니다.

08 2시간 12분$=2\dfrac{12}{60}$시간$=2\dfrac{2}{10}$시간$=2.2$시간이므로
(집에서 농촌체험마을까지의 거리)
$=78.5 \times 2.2 = 172.7 \ (km)$
(사용한 휘발유의 양)$=0.06 \times 172.7 = 10.362 \ (L)$
➡ (남은 휘발유의 양)$=19.5 - 10.362 = 9.138 \ (L)$

09 (기온이 28 ℃일 때 소리가 1초에 갈 수 있는 거리)
$=340 + 0.6 \times (28 - 15)$
$=340 + 0.6 \times 13$
$=340 + 7.8 = 347.8 \ (m)$
➡ (번개가 친 곳에서 연수가 있는 곳까지의 거리)
$=347.8 \times 5 = 1739 \ (m)$

10 색 테이프 10장을 겹치게 이어 붙이면 겹친 부분은 9군데이므로 겹친 부분의 길이의 합은
$0.05 \times 9 = 0.45 \ (m)$입니다.
(색 테이프 10장의 길이의 합)
$=2.35 + 0.45 = 2.8 \ (m)$
색 테이프 한 장의 길이를 □ m라 하면
$□ \times 10 = 2.8$이므로 $□ = 0.28$입니다.
$1 \ m = 100 \ cm$이므로 색 테이프 한 장의 길이는
$0.28 \ m = 28 \ cm$입니다.

11 (공이 첫 번째로 튀어 오른 높이)
$=5.5 \times 0.6 = 3.3 \ (m)$
(공이 두 번째로 떨어진 높이)$=3.3 + 1 = 4.3 \ (m)$
(공이 두 번째로 튀어 오른 높이)
$=4.3 \times 0.6 = 2.58 \ (m)$
(공이 세 번째로 떨어진 높이)$=2.58 + 1 = 3.58 \ (m)$
(공이 세 번째로 튀어 오른 높이)$=3.58 \times 0.6$
$\qquad\qquad\qquad = 2.148 \ (m)$

12 (사이클을 한 시간)
$=2$시간 18분-36분-72분
$=138$분-36분-72분$=30$(분)
(수영을 한 시간)$=36$분$=\dfrac{36}{60}$시간$=\dfrac{6}{10}$시간
$\qquad\qquad = 0.6$시간
(사이클을 한 시간)$=30$분$=\dfrac{30}{60}$시간$=\dfrac{5}{10}$시간
$\qquad\qquad = 0.5$시간
(마라톤을 한 시간)$=72$분$=1$시간 12분
$\qquad\qquad = 1\dfrac{12}{60}$시간$=1\dfrac{2}{10}$시간
$\qquad\qquad = 1.2$시간
(수영을 한 거리)$=3.75 \times 0.6 = 2.25 \ (km)$
(사이클을 한 거리)$=40 \times 0.5 = 20 \ (km)$
(마라톤을 한 거리)$=12.5 \times 1.2 = 15 \ (km)$
➡ (세 종목을 한 거리의 합)
$=2.25 + 20 + 15 = 37.25 \ (km)$

5 단원 직육면체

● 개념알기 개념 **1** 78쪽

1 ㉠, ㉣, ㉥ **2** 6 cm

1 직사각형 6개로 둘러싸인 도형이 직육면체이므로 ㉠, ㉣, ㉥입니다.

2 정육면체는 모서리의 길이가 모두 같고 모서리의 수는 12개입니다.
➡ (한 모서리의 길이)=72÷12=6 (cm)

● 개념 응용하기 응용 **1** 79쪽

2, 4, 2, 2, 4, 2, 28

1 62 cm **2** 40 cm

1 상자를 둘러싼 색 테이프를 살펴보면
길이가 10 cm인 모서리와 평행한 부분은 2군데,
길이가 9 cm인 모서리와 평행한 부분은 2군데,
길이가 6 cm인 모서리와 평행한 부분은 4군데입니다.
따라서 사용한 색 테이프의 길이는 최소한
10×2+9×2+6×4=20+18+24=62 (cm)입니다.

2 정육면체는 모든 모서리의 길이가 같으므로 사용한 색 테이프의 길이가 15 cm인 부분은 8군데입니다. 매듭을 묶은 부분을 제외하고 사용한 색 테이프의 길이는 15×8=120 (cm)이고, 사용한 색 테이프의 길이는 모두 160 cm이므로 매듭을 묶는 데 사용한 색 테이프의 길이는 160−120=40 (cm)입니다.

● 개념알기 개념 **2** 80쪽

1 ㉢ **2** 14 cm **3** 6 cm

1 ㉠ 보이는 면의 수 ➡ 3개
㉡ 보이지 않는 면의 수 ➡ 3개
㉢ 보이는 모서리의 수 ➡ 9개
㉣ 보이지 않는 모서리의 수 ➡ 3개

2 보이지 않는 모서리의 길이는 6 cm, 5 cm, 3 cm이므로 합은 6+5+3=14 (cm)입니다.

3 정육면체 12개의 모서리 중에서 보이는 모서리는 9개입니다. 정육면체의 모서리의 길이는 모두 같으므로 한 모서리의 길이는 54÷9=6 (cm)입니다.

● 개념 응용하기 응용 **2** 81쪽

5, 6, 22 / 풀이 참조

1 36 cm **2** 84 cm

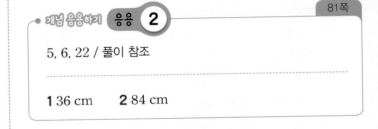

1 위와 앞에서 본 모양을 이용하여 오른쪽 같이 세 모서리의 길이가 각각 8 cm, 8 cm, 10 cm인 직육면체의 겨냥도를 그릴 수 있습니다. 따라서 직육면체를 옆에서 본 모양은 가로가 8 cm, 세로가 10 cm인 직사각형이므로 둘레는 (8+10)×2=36 (cm)입니다.

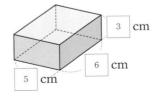

2 두 직사각형의 가로와 세로 중 길이가 같은 변끼리 붙여서 직육면체 모양의 상자를 오른쪽과 같이 만듭니다.

따라서 만든 상자의 세 모서리의 길이가 각각 9 cm, 5 cm, 7 cm이므로
(모든 모서리의 길이의 합)
＝(9＋5＋7)×4＝21×4＝84 (cm)입니다.

개념알기 **개념 3**　82쪽

1 면 라　　**2 26 cm**　　**3 풀이 참조**

1 면 나는 자기 자신을 제외한 5개의 면 중 4개의 면과 만납니다. 따라서 면 나와 만나지 않는 면은 1개인데 이는 면 나와 평행한 면인 면 라입니다.

2 색칠한 면은 가로가 5 cm, 세로가 8 cm인 직사각형 이므로 둘레는 (5＋8)×2＝26 (cm)입니다.

3

가와 다는 접었을 때 겹치는 면이 있습니다.

개념 응용하기 **응용 3**　83쪽

풀이 참조

1 풀이 참조　　**2 풀이 참조**

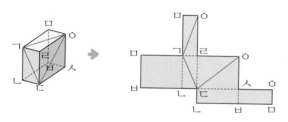

전개도를 접었을 때 만나는 점을 전개도에 같은 기호로 표시합니다.

겨냥도에 그려진 선분 ㄱㅇ, 선분 ㄱㄷ, 선분 ㄷㅇ을 전개 도에 긋습니다.

1 전개도를 접었을 때 만나는 점과 선이 지나는 부분을 확인합니다.

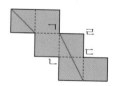

2 전개도를 접었을 때 만나는 점을 전개도에 같은 기호로 표시합니다. 전개도에 그려진 선분 ㄴㄹ, 선분 ㄴㅅ, 선분 ㅅㄹ을 겨냥도에 긋습니다.

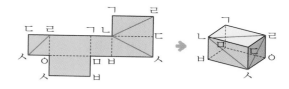

LEVEL 1　84~85쪽

01 ㉠, ㉢　　**02** 풀이 참조　**03** 면 마 / 점 ㄴ, 점 ㅂ
04 2개　　　**05** 15 cm　　**06** 면 ㄷㅅㅇㄹ, 면 ㄴㅂㅁㄱ
07 64 cm²　**08** 384 cm²

01 ㉠ 직육면체의 면은 모두 직사각형입니다.
　　㉢ 직사각형은 정사각형이라고 할 수 없으므로 직육 면체는 정육면체라고 할 수 없습니다.

02 전개도를 접었을 때 만나는 점끼리 같은 기호를 써넣 습니다.

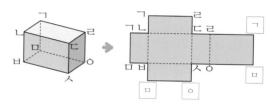

03 전개도를 접었을 때 면 나는 면 마와 마주 봅니다.
전개도를 접었을 때 점 ㄹ은 점 ㄴ, 점 ㅂ과 만나서 한 꼭짓점이 됩니다.

04 보이지 않는 모서리는 3개, 보이지 않는 꼭짓점은 1개입니다. ➡ 3－1＝2(개)

05 보이지 않는 모서리는 5 cm, 3 cm, 7 cm입니다.
따라서 보이지 않는 모서리의 길이의 합은
5＋3＋7＝15 (cm)입니다.

06 • 면 ㄱㅁㅇㄹ과 수직인 면: 면 ㄱㄴㄷㄹ, 면 ㄷㅅㅇㄹ,
　　　　　　　　　　　면 ㅁㅂㅅㅇ, 면 ㄴㅂㅁㄱ
• 면 ㅁㅂㅅㅇ과 수직인 면: 면 ㄴㅂㅅㄷ, 면 ㄷㅅㅇㄹ,
　　　　　　　　　　　면 ㄱㅁㅇㄹ, 면 ㄴㅂㅁㄱ
따라서 색칠한 두 면과 공통으로 수직인 면은
면 ㄷㅅㅇㄹ, 면 ㄴㅂㅁㄱ입니다.

07 직사각형 ㄱㄴㄷㄹ의 가로는
3＋5＋3＋5＝16 (cm)이고, 세로는 4 cm입니다.
따라서 넓이는 16×4＝64 (cm²)입니다.

08 정육면체의 모서리는 12개이므로 한 모서리의 길이는 96÷12＝8 (cm)입니다.
따라서 정육면체의 모든 면의 넓이의 합은
(8×8)×6＝384 (cm²)입니다.

LEVEL **2**

01 14	02 5, 14	03 11	04 풀이 참조
05 52 cm	06 90 cm²	07 초록색	08 82 cm

01 직육면체의 한 면과 평행한 면을 제외한 면은 모두 수직입니다. 3의 눈이 그려진 면과 평행한 면은 4의 눈이 그려진 면입니다. 따라서 3의 눈이 그려진 면과 수직인 면의 눈의 수의 합은 1＋2＋5＋6＝14입니다.

02 앞에서 본 모양과 위에서 본 모양을 살펴보면 오른쪽과 같은 직육면체입니다.

14 cm
8 cm　5 cm

---

03 모든 모서리의 길이의 합이 112 cm이므로
(11＋㉠＋6)×4＝112, 11＋㉠＋6＝112÷4,
11＋㉠＋6＝28, 17＋㉠＝28, ㉠＝28－17,
㉠＝11입니다.

04 3과 마주 보는 면의 눈의 수: 7－3＝4,
5와 마주 보는 면의 눈의 수: 7－5＝2,
6과 마주 보는 면의 눈의 수: 7－6＝1

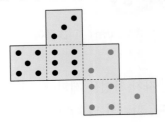

05 (붙인 색 테이프의 전체 길이)
＝9×2＋5×4＋7×2
＝18＋20＋14
＝52 (cm)

06 넓이가 서로 같은 2개의 면의 넓이는 각각
3×10＝30 (cm²), 3×5＝15 (cm²),
5×10＝50 (cm²)입니다.
가장 넓은 면을 제외한 두 종류의 면이 각각 옆면이 되므로 옆면의 넓이의 합은
(30＋15)×2＝90 (cm²)입니다.

07 노란색 면과 만나는 면의 색깔은 흰색, 파란색, 빨간색, 주황색입니다. 따라서 노란색 면과 평행한 면은 노란색 면과 만나지 않는 면이므로 초록색 면입니다.

08 모든 모서리의 길이의 합은 보이지 않는 모서리의 길이의 합의 4배이므로 보이지 않는 모서리의 길이의 합은 80÷4＝20 (cm)입니다.
나머지 한 모서리의 길이는 20－4－7＝9 (cm)입니다.
따라서 직육면체의 전개도의 둘레는
9×4＋4×8＋7×2＝36＋32＋14＝82 (cm)입니다.

01 110 cm² **02** 풀이 참조 **03** 1, 6 **04** 15 cm
05 풀이 참조 **06** 16 cm **07** 11 cm **08** 900장

01 색칠한 면과 수직인 면은 면 ㄱㄴㄷㅎ, 면 ㅎㄷㄹㅍ, 면 ㅍㄹㅅㅌ, 면 ㅌㅅㅇㅈ입니다.
색칠한 면과 수직인 면 전체는
가로가 3+8+3+8=22 (cm),
세로가 5 cm인 직사각형이므로 넓이는
22×5=110 (cm²)입니다.

02 전개도를 접어 선물 상자를 접었을 때 옆면 4곳에 색 테이프가 지나가는 자리가 없습니다. 옆면 4곳 중 색 테이프가 2번 지나가는 면을 먼저 알아보고 옆면 4곳 에 색 테이프가 지나가는 자리를 그립니다.

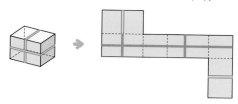

03 눈의 수가 2인 면과 평행한 면의 눈의 수는 7−2=5 이고, 눈의 수가 3인 면과 평행한 면의 눈의 수는 7−3=4입니다. 따라서 ㉠에 올 수 있는 눈의 수는 2, 3, 4, 5를 제외한 1, 6입니다.

04 묶은 끈의 길이 중 정육면체의 한 모서리와 길이가 같 은 부분을 찾으면 모두 8군데입니다. 정육면체의 한 모서리의 길이를 □ cm라고 하면 □×8=120, □=120÷8, □=15입니다.
따라서 정육면체의 한 모서리의 길이는 15 cm입니다.

05 무늬가 있는 3개의 면이 한 꼭짓점에서 만나도록 전 개도에 무늬를 그려 넣으면 됩니다.

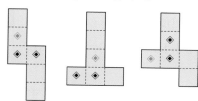

또는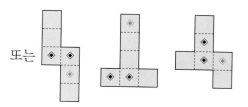

06 9+㉠+9+㉠=26 (cm), 18+㉠+㉠=26 (cm), ㉠+㉠=26−18, ㉠+㉠=8 (cm), ㉠=4 cm ㉠+㉡+㉠=20 (cm), ㉠=4 cm이므로 4+㉡+4=20 (cm), ㉡=20−8=12 (cm) 따라서 ㉠+㉡=4+12=16 (cm)입니다.

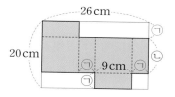

07 직육면체의 전개도에서 길이가 같은 선분의 수를 세 어 보면 14 cm가 6개, 8 cm가 4개, 선분 ㄱㄴ과 같 은 길이의 선분이 4개입니다.
선분 ㄱㄴ의 길이를 □ cm라고 하면
(전개도의 둘레)=14×6+8×4+□×4=160,
84+32+□×4=160, 116+□×4=160,
□×4=160−116, □×4=44,
□=44÷4, □=11

08 가장 작은 정육면체의 한 모서리의 길이는 벽돌의 서 로 다른 세 모서리의 길이의 최소공배수가 되어야 합 니다. 24, 10, 8의 최소공배수는 120이므로 한 모서 리의 길이가 120 cm인 정육면체를 만들면 됩니다.
따라서 벽돌의 가로: 120÷24=5(장),
세로: 120÷10=12(장), 높이: 120÷8=15(장)을 쌓아야 하므로 모두 5×12×15=900(장) 필요합 니다.

01 116 cm **02** 풀이 참조 **03** 180 cm **04** 168개
05 20 **06** 72개 **07** 하나 **08** 4가지

01 전개도의 둘레가 가장 짧게 되도록 하려면 오른쪽과 같 이 긴 모서리가 가능한 많이 겹치도록 그려야 합니다.

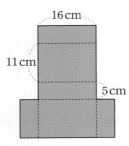

전개도의 둘레에서 길이가 16 cm인 변은 2개, 길이가 11 cm인 변은 4개, 길이가 5 cm인 변은 8개입니다. 따라서 둘레가 가장 짧게 되도록 그린 전개도의 둘레는 $16 \times 2 + 11 \times 4 + 5 \times 8 = 32 + 44 + 40$
$= 116$ (cm)입니다.

02 전개도와 겨냥도에 각 꼭짓점의 기호를 표시한 후 겨 냥도에 선분 ㄱㄷ, 선분 ㄷㅇ, 선분 ㅂㅇ을 각각 그립 니다.

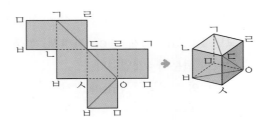

03 묶은 끈의 길이 중 30 cm인 모서리와 길이가 같은 부분은 2군데, 10 cm인 모서리와 길이가 같은 부분 은 6군데, 15 cm인 모서리와 길이가 같은 부분은 4군데입니다.

따라서 상자를 묶는데 필요한 끈의 길이는 적어도 $30 \times 2 + 10 \times 6 + 15 \times 4$
$= 60 + 60 + 60 = 180$ (cm)입니다.

04 (한 직육면체의 꼭짓점과 면의 수의 합)
$= 8 + 6 = 14$(개)
직육면체의 수를 □개라고 하면 $14 \times □ = 196$,
$□ = 196 \div 14$, $□ = 14$이므로 직육면체는 14개입 니다.
따라서 한 직육면체의 모서리는 12개이므로 모서리 수의 합은 $12 \times 14 = 168$(개)입니다.

05 전개도를 접어서 만든 정육면체에서 서로 마주 보는

면에 쓰인 수는 (6, 10), (20, 15), (12, 14)입니다. 만든 직육면체 모양에서 6, 14, 6, 20, 10이 쓰인 면 과 마주 보는 면에 쓰인 수는 각각 10, 12, 10, 15, 6 이므로 ㉠과 마주 보는 면에 쓰인 수를 □라고 하면 $□ = 68 - (10 + 12 + 10 + 15 + 6)$, $□ = 68 - 53$, $□ = 15$입니다.
따라서 15가 쓰인 면과 마주 보는 면에 쓰인 수 ㉠은 20입니다.

06 위에서 보았을 때 쌓기나무의 수가 24개이므로 (가로, 세로)에 놓일 수 있는 쌓기나무의 수는 (1, 24), (2, 12), (3, 8), (4, 6), (6, 4), (8, 3), (12, 2), (24, 1)입니다.

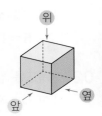

앞에서 보았을 때 쌓기나무의 수가 12개이므로 (가로, 높이)에 놓일 수 있는 쌓기나무의 수는 (1, 12), (2, 6), (3, 4), (4, 3), (6, 2), (12, 1)입니 다. 옆에서 보았을 때 18개이므로 (세로, 높이)에 놓 일 수 있는 쌓기나무의 수는 (1, 18), (2, 9), (3, 6), (6, 3), (9, 2), (18, 1)입니다. 따라서 직육면체의 한 꼭짓점에서 만나는 세 모서리 에 쌓기나무가 각각 4개, 6개, 3개씩 놓이므로 전체 쌓기나무의 수는 $4 \times 6 \times 3 = 72$(개)입니다.

07 하나: 두 면에 색칠된 쌓기나무는 1층에 12개, 2층, 3층, 4층에 각 각 4개씩, 5층에 12개이므로 하나 가 갖는 쌓기나무는 모두 $12 + 4 + 4 + 4 + 12 = 36$(개)입 니다.

두나: 한 면에 색칠된 쌓기나무는 1층에 9개, 2층, 3층, 4층에 각각 12개씩, 5층에 9개이므로 두나가 갖는 쌓기나무는 모두 $9 + 12 + 12 + 12 + 9 = 54$(개)입 니다.

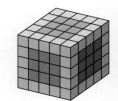

따라서 쌓기나무를 더 적게 갖는 사람은 하나입니다.

08 다음과 같이 모두 4가지 직육면체를 만들 수 있습니다.

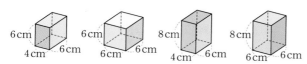

01 직육면체의 모든 모서리의 길이의 합은
$(15+9+24)×4=192$ (cm)입니다.
정육면체는 모서리가 12개이고, 그 길이가 모두 같으므로 정육면체의 한 모서리의 길이는
$192÷12=16$ (cm)입니다.

02 택배 상자는 직육면체 모양이므로 택배 상자 한 개의 면의 수는 6개, 꼭짓점의 수는 8개, 모서리의 수는 12개입니다.
쌓여 있는 택배 상자의 수를 □개라고 하면
$6×□+8×□=98$, $14×□=98$, $□=98÷14$,
$□=7$입니다.
➡ (택배 상자의 모서리의 수의 합)
$=7×12=84$(개)

03

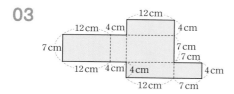

(전개도의 둘레)$=7×4+12×4+4×6$
$=28+48+24=100$ (cm)

04 전개도를 접었을 때 서로 평행한 두 면의 눈의 수의 합은 7입니다. 면 ㉡과 평행한 면의 눈의 수는 2이므로 면 ㉡의 눈의 수는 $7-2=5$입니다.
면 ㉠과 면 ㉢은 서로 평행하므로 두 면의 눈의 수의 합은 7입니다.

➡ (면 ㉠, 면 ㉡, 면 ㉢의 눈의 수의 합)
$=5+7=12$

05 위와 앞에서 본 모양을 모고 직육면체를 그려 보면 오른쪽과 같습니다.
➡ (모든 모서리의 길이의 합)
$=(5+3+7)×4=60$ (cm)

06 (선분 ㄴㄷ)=(선분 ㅁㅂ)=4 cm이므로
(선분 ㄱㄴ)$=28÷4=7$ (cm)입니다.
(선분 ㄱㅎ)=(선분 ㅍㅌ)=(선분 ㄴㄷ)이므로
(선분 ㅎㅍ)$=18-4-4=10$ (cm)입니다.
따라서 직육면체의 모든 모서리의 길이의 합은
$(4+7+10)×4=84$ (cm)입니다.

07 마주 보는 면의 눈의 수의 합이 7이므로 3층 주사위의 아랫면의 눈의 수는 $7-2=5$입니다.
2층 주사위의 윗면의 눈의 수가 $8-5=3$이므로 2층 주사위의 아랫면의 눈의 수는 $7-3=4$입니다.
따라서 1층 주사위의 윗면의 눈의 수가 $8-4=4$이므로 바닥에 닿는 면의 눈의 수는 $7-4=3$입니다.

08 • 한 모서리에 쌓기나무가 1개인 정육면체
➡ 가로 4개, 세로 5개, 높이 4개이므로
$4×5×4=80$(개)
• 한 모서리에 쌓기나무가 2개인 정육면체
➡ 가로 3개, 세로 4개, 높이 3개이므로
$3×4×3=36$(개)
• 한 모서리에 쌓기나무가 3개인 정육면체
➡ 가로 2개, 세로 3개, 높이 2개이므로
$2×3×2=12$(개)
• 한 모서리에 쌓기나무가 4개인 정육면체
➡ 가로 1개, 세로 2개, 높이 1개이므로
$1×2×1=2$(개)
따라서 찾을 수 있는 크고 작은 정육면체는 모두
$80+36+12+2=130$(개)입니다.

09

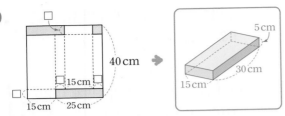

$40-25=15$ (cm), □＋15＋□＋15＝40,
□＋□＝10, □＝5, 40－5－5＝30 (cm)
따라서 직육면체의 세 모서리의 길이는 15 cm,
5 cm, 30 cm입니다. 세 모서리가 15 cm, 5 cm,
30 cm인 겨냥도를 그립니다.

10 그림에 면을 그릴 수 있는 부
분을 오른쪽과 같이 표시하
여 알아봅니다.

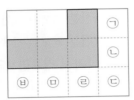

• ㉠에 면을 그리는 경우: 3가지

• ㉡에 면을 그리는 경우: 4가지

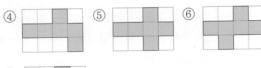

• ㉢에 면을 그리는 경우: 2가지

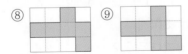

• ㉣에 면을 그리는 경우: 3가지

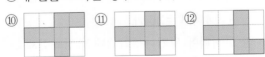

• ㉤에 면을 그리는 경우: 2가지

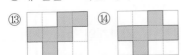

• ㉥에 면을 그리는 경우: 2가지

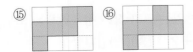

이 중 같은 모양인 것을 찾으면 ①과 ⑩, ②와 ⑬,
③과 ⑮, ④와 ⑧, ⑤와 ⑪, ⑥과 ⑭, ⑦과 ⑯, ⑨와 ⑫
는 같은 모양이고, ①(⑩)과 ⑨(⑫)는 위로 뒤집으면
같은 모양이 되므로 그릴 수 있는 전개도의 모양은 모
두 16－9＝7(가지)입니다.

11 인형을 앞과 옆에서 보았을 때 가능한 작게 만든 직육
면체 모양의 상자는 세 모서리의 길이가 각각
20 cm, 30 cm, 20 cm가 되어야 합니다.
따라서 포장에 사용한 테이프는 길이가 20 cm인 부
분이 10군데, 길이가 30 cm인 부분이 2군데이므로
사용한 테이프의 길이는 모두
$20\times10+30\times2=200+60=260$ (cm)입니다.

12

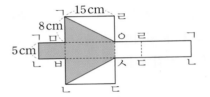

(색칠한 부분의 넓이)
＝(면 ㄱㅁㅇ의 넓이)＋(면 ㄱㄴㅂㅁ의 넓이)
　＋(면 ㅁㅂㅅㅇ의 넓이)＋(면 ㅂㄴㅅ의 넓이)
＝$15\times8\div2+8\times5+15\times5+15\times8\div2$
＝$60+40+75+60$
＝235 (cm²)

개념알기 개념 1   96쪽

1 82마리   2 2모둠

---

1 (하루 동안 판매한 치킨 수의 평균)
$= (58+64+75+73+97+125) \div 6$
$= 492 \div 6 = 82$(마리)

2 (1모둠의 봉사 횟수의 평균)$=40 \div 5 = 8$(번)
(2모둠의 봉사 횟수의 평균)$=36 \div 4 = 9$(번)
(3모둠의 봉사 횟수의 평균)$=42 \div 6 = 7$(번)
따라서 봉사왕 모둠은 2모둠입니다.

개념 응용하기 응용 1   97쪽

5, 14, 5, 5, 15, 1

1 5명   2 변화가 없습니다.

---

1 (방과후 컴퓨터교실 강좌별 학생 수의 평균)
$= (35+44+28+17+26) \div 5 = 150 \div 5 = 30$(명)
방과후 컴퓨터교실 강좌를 한 개 더 늘리면 강좌가
6개가 됩니다.
(강좌 6개의 학생 수의 평균)$=150 \div 6 = 25$(명)
따라서 강좌별 학생 수의 평균은 $30-25=5$(명) 줄
어듭니다.

2 (새로운 회원이 들어오기 전 나이의 평균)
$= (17+15+15+18+14+17+16) \div 7$
$= 112 \div 7 = 16$(세)
(새로운 회원이 들어온 후 나이의 평균)
$= (112+16) \div 8 = 128 \div 8 = 16$(세)
따라서 동아리 회원의 나이의 평균은 변화가 없습니다.

개념알기 개념 2   98쪽

1 정희네 모둠

---

1 (민수네 모둠의 줄넘기 기록의 평균)
$= (63+80+55+30+27+45) \div 6$
$= 300 \div 6 = 50$(번)
(정희네 모둠의 줄넘기 기록의 평균)
$= (59+88+65+71+12) \div 5$
$= 295 \div 5 = 59$(번)
평균이 더 높은 모둠은 정희네 모둠입니다.

개념 응용하기 응용 2   99쪽

280, 840, 840, 250

1 54분, 56분   2 23번

---

1 (5일간의 산책 시간의 합)$=50 \times 5 = 250$(분)
(수요일과 금요일의 산책 시간의 합)
$= 250 - (45+55+40) = 110$(분)
$5☆ + ♡6 = 110$이고 일의 자리에서 $☆+6=10$이
므로 $☆=4$입니다.
$54 + ♡6 = 110$이므로 $♡6 = 110 - 54 = 56$입니다.
따라서 수요일의 산책 시간은 54분, 금요일의 산책
시간은 56분입니다.

2 (월요일부터 금요일까지 윗몸 말아 올리기 평균 기록)
$= (14+15+24+21+11) \div 5 = 85 \div 5 = 17$(번)
따라서 토요일에 준서가 해야 하는 윗몸 말아 올리기
는 최소한 $17 + 1 \times 6 = 17 + 6 = 23$(번)입니다.

개념알기 개념 3   100쪽

1 불가능하다   2 풀이 참조   3 ㉣, ㉡, ㉢, ㉠

1 4장의 카드에 쓰여진 수는 모두 홀수이므로 짝수를 뽑을 가능성을 말로 표현하면 '불가능하다'입니다.

2 흰색 바둑돌과 검은색 바둑돌의 개수가 같으므로 꺼낸 바둑돌이 흰색일 가능성은 '반반이다'이고, 수로 표현하면 $\frac{1}{2}$입니다.

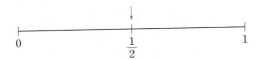

3 화살이 빨간색에 멈출 가능성을 말로 표현하면 '㉠ 불가능하다', '㉡ ~일 것 같다', '㉢ 반반이다', '㉣ 확실하다'입니다.
따라서 가능성이 높은 것부터 순서대로 기호를 쓰면 ㉣, ㉡, ㉢, ㉠입니다.

101쪽

개념 응용하기 응용 3

파란색, 노란색, 노란색, 빨간색

---

1 풀이 참조   **2** 풀이 참조

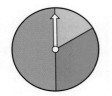

1 (예)

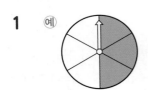

꺼낸 구슬의 개수가 짝수일 가능성이 '반반이다'이므로 화살이 파란색에 멈출 가능성과 같으려면 회전판의 6칸 중 3칸을 파란색으로 색칠하면 됩니다.

2 (예)

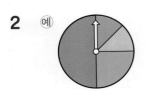

화살이 빨간색에 멈출 가능성이 가장 높으므로 가장 넓은 곳에 빨간색을 색칠합니다.
화살이 파란색에 멈출 가능성과 노란색에 멈출 가능성이 같으므로 넓이가 같은 두 곳에 각각 파란색과 노란색을 색칠합니다. 남은 한 곳에 초록색을 색칠합니다.

102~103쪽

LEVEL 1

01 2일   **02** 32.3 kg   **03** 오후 4시 20분
04 7개   **05** 64대   **06** 150 cm   **07** 나
08 진수

01 (떡가게에서 하루에 팔린 떡의 수의 평균)
$=(65+57+64+75+69) \div 5$
$=330 \div 5 = 66$(개)
팔린 떡의 수가 66개보다 많은 날은 목요일, 금요일로 모두 2일입니다.

02 친구 3명의 몸무게의 합은 $42.3 \times 3 = 126.9$ (kg)입니다. 나연이의 몸무게를 더했을 때 몸무게의 합은 $39.8 \times 4 = 159.2$ (kg)입니다.
따라서 나연이의 몸무게는
$159.2 - 126.9 = 32.3$ (kg)입니다.

03 3일 동안 준호의 운동 시간의 총합은
$50 \times 3 = 150$(분)이 되어야 합니다.
운동을 어제는 50분, 오늘은 60분 했으므로 운동 시간의 평균이 50분이 되기 위해서 내일은 운동을
$150 - (50+60) = 150 - 110 = 40$(분) 해야 합니다.
따라서 내일 운동이 끝나는 시각은
오후 3시 40분+40분=오후 4시 20분입니다.

04 1회부터 4회까지 쓰러뜨린 핀의 수의 평균은
$(7+9+8+8) \div 4 = 32 \div 4 = 8$(개)입니다.
따라서 5회에 쓰러뜨린 핀의 수는 평균인 8개보다 적어야 하므로 5회에 쓰러뜨린 핀의 수가 가장 많을 때는 7개입니다.

05 (판매한 전체 세탁기의 수)$=52 \times 5 = 260$(대)
(3월에 판매한 세탁기의 수)
$= 260 - (33 + 49 + 36 + 78)$
$= 260 - 196 = 64$(대)

06 (주희네 모둠 학생들의 키의 총합)
$= (154 \times 2) + (148 \times 4)$
$= 308 + 592 = 900$ (cm)
(주희네 모둠 학생들의 키의 평균)
$= 900 \div 6 = 150$ (cm)

07 나 회전판에서 빨간색, 파란색, 노란색은 각각 전체의 $\frac{1}{3}$입니다. 따라서 화살이 멈춘 횟수가 빨간색 33회, 파란색 34회, 노란색 33회인 표와 일어날 가능성이 가장 비슷한 회전판은 나 회전판입니다.

08 진수: '반반이다' ➡ $\frac{1}{2}$
나연, 민호: '불가능하다' ➡ 0

LEVEL **2**   104~105쪽

01 25분   **02** 31세   **03** 20개   **04** 25마리

05 85, 95   **06** 44800000원   **07** $\frac{1}{2}$

08 ㉢, ㉣, ㉡, ㉠

---

01 (하나의 휴대 전화 이용 시간의 평균)
$= (30 + 25 + 35 + 30) \div 4 = 120 \div 4 = 30$(분)
하나와 두나의 하루 평균 휴대 전화 이용 시간이 같으므로 두나가 3일 동안 휴대 전화를 이용한 총 시간은 $30 \times 3 = 90$(분)입니다.
따라서 두나가 목요일에 휴대 전화를 이용한 시간은 $90 - (40 + 25) = 25$(분)입니다.

02 배드민턴 동아리 회원들의 나이의 합은
$35 \times (10 + 5) = 525$(세)입니다.

남자 회원들의 나이의 합은 $37 \times 10 = 370$(세)이므로 여자 회원들의 나이의 합은
$525 - 370 = 155$(세)입니다.
따라서 여자 회원들의 나이의 평균은
$155 \div 5 = 31$(세)입니다.

03 (한 모둠당 접어야 하는 카네이션 수의 평균)
$= 400 \div 5 = 80$(개)
(한 모둠당 학생 수의 평균)
$= (4 + 3 + 5 + 4 + 4) \div 5 = 20 \div 5 = 4$(명)
(한 사람당 접어야 하는 카네이션 수의 평균)
$= 80 \div 4 = 20$(개)

04 다음 주 5일 동안 치킨 판매량의 평균을 이번 주 5일 동안의 판매량의 평균보다 5마리 늘리려면
$5 \times 5 = 25$(마리)를 더 팔아야 합니다.

05 (5단원까지의 점수의 합계)$= 92 \times 5 = 460$(점)
(1단원 점수)+(3단원 점수)
$= 460 - (100 + 96 + 84) = 180$(점)
3단원의 점수를 $\square$점이라고 하면 1단원의 점수는
($\square - 10$)점이므로 $\square + (\square - 10) = 180$,
$\square + \square = 190$, $\square = 95$입니다.
따라서 1단원은 $95 - 10 = 85$(점), 3단원은 95점입니다.

06 (하루에 만드는 축구공의 수)$= 50 \times 8 = 400$(개)
(일주일 동안 만든 축구공의 수)$= 400 \times 7$
$= 2800$(개)
(축구공을 팔고 받은 돈)$= 16000 \times 2800$
$= 44800000$(원)

07 10 이상 30 미만의 자연수는 10부터 29까지의 자연수이므로 모두 20개이고 이 중에서 2의 배수는 짝수이므로 10개입니다.
따라서 수 카드 한 장을 뽑을 때 2의 배수가 적힌 수 카드를 뽑을 가능성은 '반반이다'이고, 수로 표현하면 $\frac{1}{2}$입니다.

08 ㉠ 동전의 두 면 중 한 면이 숫자 면입니다. ➡ $\frac{1}{2}$

㉡ 여섯 면 중 한 면의 눈의 수가 5입니다. ➡ $\frac{1}{6}$

㉢ 주머니 속에는 흰색 바둑돌이 없습니다. ➡ 0

㉣ 복권 100장 중 당첨 복권이 10장입니다.

➡ $\frac{10}{100}$ ➡ $\frac{1}{10}$

따라서 일이 일어날 가능성이 작은 것부터 순서대로 기호를 쓰면 ㉢, ㉣, ㉡, ㉠입니다.

106~107쪽

LEVEL **3**

01 50 m² 02 140 cm 03 84개 04 0

05 378000원 06 119점, 87점 07 86 km

08 (가) 상자

01 (첫날 일한 시간의 합)=48×5=240(분) ➡ 4시간
(이튿날 일한 시간의 합)=40×9=360(분) ➡ 6시간
(고구마를 다 캐는 데 걸린 시간)=4+6=10(시간)
따라서 한 사람이 한 시간 동안 고구마를 캔 밭의 넓이의 평균은 500÷10=50 (m²)입니다.

02 (언니의 키)+(선아의 키)=150×2=300 (cm)
(선아의 키)+(동생의 키)=125×2=250 (cm)
(언니의 키)+(동생의 키)=145×2=290 (cm)
{(언니의 키)+(선아의 키)+(동생의 키)}×2
=300+250+290=840 (cm)
(언니의 키)+(선아의 키)+(동생의 키)
=840÷2=420 (cm)
(언니, 선아, 동생 키의 평균)=420÷3=140 (cm)

03 (가 농장에 열린 배의 수)=35×25=875(개)
(나 농장에 열린 배의 수)=36×22=792(개)
(두 농장의 전체 배의 수)=875+792=1667(개)
(필요한 상자 수)=1667÷20=83…7이므로 상자는 적어도 83+1=84(개) 필요합니다.

04 5의 배수는 일의 자리 숫자가 0 또는 5이어야 하는데 4장의 수 카드 중에서 0과 5가 없으므로 두 자리 수를 만들 때 5의 배수일 가능성은 '불가능하다'입니다. 따라서 '불가능하다'를 수로 표현하면 0입니다.

05 36명이 1500원씩 적게 내므로
줄어든 전체 금액은 1500×36=54000(원)입니다.
54000원은 추가로 모집된 6명이 낸 금액이므로
(한 명이 내는 금액)=54000÷6=9000(원)이고,
(버스 한 대를 빌리는 값)=9000×(36+6)
=9000×42=378000(원)입니다.

06 (5게임까지의 점수의 합)=125×5=625(점)
(1게임 점수)+(2게임 점수)
=625-(135+156+128)
=625-419=206(점)
206-(1게임 점수)=(2게임 점수)

```
   2 0 6          2 0 6
 - 1 1 □    ➡   - 1 1 9
 ─────          ─────
   ★ 7            8 7
```

따라서 1게임은 119점, 2게임은 87점입니다.

07 (160 km를 달리는 데 걸린 시간)
=160÷80=2(시간)
(270 km를 달리는 데 걸린 시간)
=270÷90=3(시간)
(자동차를 타고 달린 전체 시간)=2+3=5(시간)
(자동차를 타고 달린 전체 거리)
=160+270=430 (km)
(한 시간 동안 달린 평균 거리)=430÷5=86 (km)

08 (가) 상자: 전체 바둑돌의 수 2+3=5(개)이고 그 중 검은색 바둑돌은 3개이므로 꺼낸 바둑돌이 검은색일 가능성을 수로 표현하면 $\frac{3}{5}$입니다.

(나) 상자: 전체 바둑돌의 수 6+4=10(개)이고 그 중 검은색 바둑돌은 4개이므로 꺼낸 바둑돌이 검은색일 가능성을 수로 표현하면

$\dfrac{4}{10} = \dfrac{2}{5}$입니다.

➡ $\dfrac{3}{5} > \dfrac{2}{5}$이므로 꺼낸 바둑돌이 검은색일 가능성이 더 높은 상자는 (가) 상자입니다.

LEVEL 4

108~109쪽

01 파란색, 빨간색   **02** 9일   **03** 5명

04 96점   **05** $75\dfrac{1}{2}$점   **06** 30개   **07** 11개

08 48명

01 구슬 2개를 꺼낸 후 주머니 속에 남은 것은 빨간색 1개, 파란색 2개입니다.
남은 구슬 중 색깔의 수가 많을수록 나올 가능성이 높습니다.
따라서 세 번째로 구슬 1개를 꺼내려고 할 때 나올 가능성이 높은 색깔부터 순서대로 쓰면 파란색, 빨간색입니다.

02 한 회의 기록인 87회를 78회로 잘못 보고 계산한 경우에는 전체 기록의 합이 $87-78=9$(회)만큼 부족합니다. 줄넘기를 한 날의 수를 □일이라고 하면
(전체 기록의 합) $=87 \times □ = 86 \times □ + 9$이므로
$87 \times □ - 86 \times □ = 9$, $□ = 9$입니다.
따라서 주희가 줄넘기를 한 날은 모두 9일입니다.

03 심사위원의 수를 (□+1)명이라고 하면
(전체 받은 점수의 합)
$=13 \times (□+1) = 11 \times □ + 21$이므로
$13 \times □ + 13 = 11 \times □ + 21$,
$13 \times □ - 11 \times □ = 21 - 13$, $2 \times □ = 8$, $□ = 4$
따라서 심사위원은 모두 $4+1=5$(명)입니다.

04 (4회까지의 평균 점수)
$=(88 \times 3 + 80) \div 4$
$=344 \div 4 = 86$(점)

5회까지의 평균 점수를 2점 높인다고 할 때 5회에 받아야 하는 점수를 □점이라고 하면
$(344+□) \div 5 = 86+2$, $(344+□) \div 5 = 88$,
$344+□ = 88 \times 5$, $344+□ = 440$, $□ = 96$입니다.
따라서 5회에는 적어도 96점을 받아야 합니다.

05 합격한 사람의 점수의 평균을 □점이라고 하면 불합격한 사람의 점수의 평균은 (□−10.5)점입니다.
합격한 사람의 점수의 합계는 (□×200)점, 불합격한 사람의 점수의 합계는 {(□−10.5)×100}점입니다.
300명 전체의 점수의 합계는 $72 \times 300 = 21600$(점)입니다.
$□ \times 200 + (□-10.5) \times 100 = 21600$,
$□ \times 200 + □ \times 100 - 10.5 \times 100 = 21600$,
$□ \times 300 - 1050 = 21600$, $□ \times 300 = 22650$
$□ = 22650 \div 300 = \dfrac{22650}{300} = \dfrac{151}{2} = 75\dfrac{1}{2}$

따라서 합격한 사람의 점수의 평균은 $75\dfrac{1}{2}$점입니다.

06 1월부터 6월까지의 불량품 수의 합은
$=20 \times 6 = 120$(개) 이하이어야 합니다.
따라서 5월과 6월의 불량품의 합이
$120-(21+27+22+20) = 120-90 = 30$(개) 이하여야 합니다.

07 검은색 바둑돌을 꺼낼 가능성이 $\dfrac{1}{2}$로 '반반이다'입니다. 흰색과 검은색 바둑돌의 수는 같으므로 지금 주머니에 검은색 바둑돌이 $5-1=4$(개) 있습니다.
따라서 처음 주머니에 들어 있던 검은색 바둑돌은
$4+2=6$(개)이므로 바둑돌은 모두 $5+6=11$(개)입니다.

08 (전체 참가자의 점수의 합) $=45 \times 100 = 4500$(점)
70점을 받은 사람 수를 □명이라고 하면
$20 \times 13 + 30 \times 14 + 50 \times 30 + 70 \times □ + 80 \times 14 + 100 \times 5 = 4500$,
$260+420+1500+70 \times □ + 1120+500 = 4500$,
$70 \times □ = 700$, $□ = 10$입니다.

50점을 받은 사람 중 3번 문제 하나만 맞힌 사람은 3번 문제를 맞힌 전체 사람 수에서 70점(1번＋3번), 80점(2번＋3번), 100점(1번＋2번＋3번)을 받은 사람 수를 빼면 되므로

44－(10＋14＋5)＝44－29＝15(명)입니다.

50점을 받은 사람 중 1, 2번 문제를 모두 맞힌 사람은 30－15＝15(명)입니다.

2번 문제를 맞힌 사람 수는 30점을 받은 사람 14명, 50점 받은 사람 중 1, 2번 문제를 모두 맞힌 사람 15명, 80점(2번＋3번)을 받은 사람 14명, 100점(1번＋2번＋3번)을 받은 사람 5명을 모두 더해야 합니다.

➡ (2번 문제를 맞힌 사람 수)
＝14＋15＋14＋5＝48(명)

LEVEL 종합

110~112쪽

01 14년	02 87점, 95점	03 10개
04 (나), 2	05 풀이 참조	06 15점	07 25세
08 7개	09 4, 16, 40	10 33.1초	11 ㉮ 선수
12 72점		

---

01 (전체 참가자의 요리 경력의 합계)
＝15×18＋20×11＝270＋220＝490(년)
(전체 참가자의 요리 경력의 평균)
＝490÷(15＋20)＝490÷35＝14(년)

02 다섯 과목의 점수의 합은 86×5＝430(점)이므로 수학 점수와 사회 점수의 합은
430－(91＋72＋85)＝182(점)입니다.
수학 점수를 8□점, 사회 점수를 ○5점이라 하면
8□＋○5＝182에서 □＝7, ○＝9입니다.
따라서 수학 점수는 87점, 사회 점수는 95점입니다.

03 꺼낸 구슬이 빨간색일 가능성을 수로 표현하면 $\frac{1}{2}$이므로 20개의 구슬 중에서 빨간색 구슬은
$20 \times \frac{1}{2} = 10$(개)입니다.

04 (가)의 넓이: 12×10＝120 (m²)
(나)의 넓이: 15×12＝180 (m²)
(가)의 1 m²당 소금 수확량의 평균: $\frac{960}{120} = 8$ (kg)
(나)의 1 m²당 소금 수확량의 평균: $\frac{1800}{180} = 10$ (kg)
따라서 1 m²당 소금 수확량의 평균은 (나) 염전이
10－8＝2 (kg) 더 많습니다.

05 예

구슬 250개가 들어 있는 주머니에서 1개 이상의 구슬을 꺼낼 때 나올 수 있는 구슬의 개수는 1개, 2개, …… 249개, 250개로 250가지 경우가 있습니다. 이 중 꺼낸 구슬의 개수가 홀수인 경우는 1개, 3개, …… 249개로 125가지입니다. 따라서 꺼낸 구슬의 개수가 홀수일 가능성은 '반반이다'이므로 회전판의 8칸 중 4칸에 빨간색을 칠합니다.

06 누리의 리본 난도 점수는 가장 높은 점수 9점과 가장 낮은 점수 6점을 제외한 나머지 점수의 평균이므로
(8＋8)÷2＝16÷2＝8(점)입니다. 리본 실시 점수는 가장 높은 점수 9점과 가장 낮은 점수 5점을 제외한 나머지 점수의 평균이므로
(8＋6＋7)÷3＝21÷3＝7(점)입니다.
따라서 누리가 받은 리본 점수는 8＋7＝15(점)입니다.

07 (동생의 나이)＝(준호의 나이)－2＝12－2＝10(세),
(아버지의 나이)
＝(동생의 나이)×4＝10×4＝40(세)
(어머니의 나이)
＝(준호의 나이)×3＋2
＝12×3＋2＝36＋2＝38(세)
(준호네 가족의 평균 나이)
＝(40＋38＋12＋10)÷4＝100÷4＝25(세)

08 30개의 마을에 있는 약국은 모두 $30 \times 5 = 150$(개)이고 그중 20개의 마을에 있는 약국은 $20 \times 4 = 80$(개)입니다.

따라서 나머지 10개의 마을에는 약국이 $150 - 80 = 70$(개)있으므로 평균 $70 \div 10 = 7$(개)의 약국이 있습니다.

09 세 수를 가장 작은 수부터 순서대로 ㉠, ㉡, ㉢이라 하면 세 수의 평균이 20이므로
㉠$+$㉡$+$㉢$= 20 \times 3 = 60$입니다.
㉠$+$㉢$= 44$, ㉢$-$㉠$= 36$이므로 두 식을 더하면
㉠$+$㉢$+$㉢$-$㉠$= 44 + 36$, ㉢$+$㉢$= 80$, ㉢$= 40$,
㉠$= 4$입니다.
$4 +$ ㉡ $+ 40 = 60$이므로 ㉡$= 60 - 4 - 40$, ㉡$= 16$입니다.

10 (금메달, 은메달, 동메달을 딴 선수의 기록의 합)
$= 31.2 \times 3 = 93.6$(초)
(동메달을 딴 선수와 메달을 따지 못한 나머지 두 선수의 기록의 합)$= 34.5 \times 3 = 103.5$(초)
(5명의 기록의 합)$= 32.8 \times 5 = 164$(초)
➡ (동메달을 딴 선수의 기록)
$= 93.6 + 103.5 - 164 = 33.1$(초)

11 선수 5명의 득점의 평균이 17.2점이므로
(선수들의 득점의 합)$= 17.2 \times 5 = 86$(점)입니다.
(㉮ 선수의 득점)$= 1 + 2 \times 8 + 3 \times 2$
$= 1 + 16 + 6 = 23$(점)
(㉯ 선수의 득점)$= 4 + 2 + 3 \times 3 = 4 + 2 + 9$
$= 15$(점)
(㉰ 선수의 득점)$= 7 + 2 \times 5 + 3 \times 4$
$= 7 + 10 + 12 = 29$(점)
$23 + 15 +$ (㉱ 선수의 득점)$+ 29 +$ (㉲ 선수의 득점)
$= 86$,
$67 +$ (㉱ 선수의 득점)$+$ (㉲ 선수의 득점)$= 86$,
(㉱ 선수의 득점)$+$ (㉲ 선수의 득점)$= 86 - 67$,
(㉱ 선수의 득점)$+$ (㉲ 선수의 득점)$= 19$(점)입니다.
㉮, ㉯, ㉰ 선수의 득점이 각각 23점, 15점, 29점이

고, ㉱ 선수와 ㉲ 선수의 득점의 합이 19점이므로 ㉱와 ㉲ 중 한 선수가 19점을 얻고 다른 선수가 득점을 하지 못한 경우에도 이 팀에서 득점이 두 번째로 많은 선수는 ㉮ 선수입니다.

12 여학생 점수의 평균만 9점 올랐을 때의 전체 점수의 합은 $77.5 \times 18 = 1395$(점), 남학생 점수의 평균만 9점 올랐을 때의 전체 점수의 합은 $75.5 \times 18 = 1359$(점)입니다. 똑같이 9점씩 올랐는데 남학생 점수의 평균만 올랐을 때보다 여학생 점수의 평균만 올랐을 때 전체 점수의 합이 더 높으므로 여학생의 수가 더 많습니다.
여학생이 남학생보다 □명 더 많다고 하면, □명의 점수가 9점씩 오른 결과 점수의 합이
$1395 - 1359 = 36$(점)만큼 차이 나므로
□$\times 9 = 36$, □$= 36 \div 9$, □$= 4$입니다.
여학생이 남학생보다 4명 많고 전체 학생 수가 18명이므로 남학생은 $(18 - 4) \div 2 = 14 \div 2 = 7$(명)이고, 여학생은 $7 + 4 = 11$(명)입니다. 여학생 11명의 점수의 평균만 9점 올랐을 때 전체 점수의 합이 1395점이므로 원래 전체 학생의 점수의 합은
$1395 - (9 \times 11) = 1395 - 99 = 1296$(점)입니다.
따라서 전체 학생의 점수의 평균은
$1296 \div 18 = 72$(점)입니다.

5-2

정답과 풀이

https://on.ebs.co.kr

★ ★ ★ ★ ★
초등 공부의 모든 것
EBS 초등ON

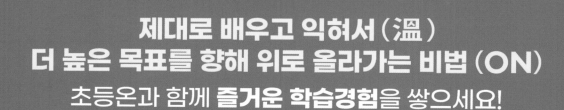

제대로 배우고 익혀서 (溫)
더 높은 목표를 향해 위로 올라가는 비법 (ON)
초등온과 함께 **즐거운 학습경험**을 쌓으세요!

EBS와 함께하는 자기주도 학습 초등·중학 교재 로드맵

		예비 초등	1학년	2학년	3학년	4학년	5학년	6학년
전과목 기본서/평가			BEST **만점왕** 국어/수학/사회/과학 교과서 중심 초등 기본서			**만점왕 통합본** 학기별(8책) HOT 바쁜 초등학생을 위한 국어·사회·과학 압축본		
				만점왕 단원평가 학기별(8책) 한 권으로 학교 단원평가 대비				
				기초학력 진단평가 초2~중2 초2부터 중2까지 기초학력 진단평가 대비				
국어	독해		**4주 완성 독해력** 1~6단계 학년별 교과 연계 단기 독해 학습					
	문학							
	문법							
	어휘		**어휘가 독해다!** 초등 국어 어휘 1~2단계 1, 2학년 교과서 필수 낱말 + 읽기 학습		**어휘가 독해다!** 초등 국어 어휘 기본 3, 4학년 교과서 필수 낱말 + 읽기 학습		**어휘가 독해다!** 초등 국어 어휘 실력 5, 6학년 교과서 필수 낱말 + 읽기 학습	
	한자	**참 쉬운 급수 한자** 8급/7급II/7급 한자능력검정시험 대비 급수별 학습	**어휘가 독해다!** 초등 한자 어휘 1~4단계 하루 1개 한자 학습을 통한 어휘 + 독해 학습					
	쓰기	**참 쉬운 글쓰기** 1-따라 쓰는 글쓰기 맞춤법·받아쓰기로 시작하는 기초 글쓰기 연습			**참 쉬운 글쓰기** 2-문법에 맞는 글쓰기/3-목적에 맞는 글쓰기 초등학생에게 꼭 필요한 기초 글쓰기 연습			
	문해력	**어휘/쓰기/ERI독해/배경지식/디지털독해가 문해력이다** 평생 살아가는 힘, 문해력을 키우는 학기별·단계별 종합 학습				**문해력 등급 평가** 초1~중1 내 문해력 수준을 확인하는 등급 평가		
영어	독해	**EBS ELT 시리즈** | 권장 학년 : 유아 ~ 중1 EBS Big Cat Collins BIG CAT 다양한 스토리를 통한 영어 리딩 실력 향상			**EBS랑 홈스쿨 초등 영독해** Level 1~3 다양한 부가 자료가 있는 단계별 영독해 학습			
						EBS 기초 영독해 중학 영어 내신 만점을 위한 첫 영독해		
	문법	EBS Big Cat Shinoy and the Chaos Crew 흥미롭고 몰입감 있는 스토리를 통한 풍부한 영어 독서			**EBS랑 홈스쿨 초등 영문법** 1~2 다양한 부가 자료가 있는 단계별 영문법 학습			
						EBS 기초 영문법 1~2 HOT 중학 영어 내신 만점을 위한 첫 영문법		
	어휘	EBS easy learning easy learning 저연령 학습자를 위한 기초 영어 프로그램	**EBS랑 홈스쿨 초등 필수 영단어** Level 1~2 다양한 부가 자료가 있는 단계별 영단어 테마 연상 종합 학습					
	쓰기							
	듣기		**초등 영어듣기평가 완벽대비** 학기별(8책) 듣기 + 받아쓰기 + 말하기 All in One 학습서					
수학	연산	**만점왕 연산** Pre 1~2단계, 1~12단계 과학적 연산 방법을 통한 계산력 훈련						
	개념							
	응용		**만점왕 수학 플러스** 학기별(12책) 교과서 중심 기본 + 응용 문제					
	심화					**만점왕 수학 고난도** 학기별(6책) 상위권 학생을 위한 초등 고난도 문제집		
	특화	**초등 수해력** 영역별 P단계, 1~6단계(14책) 다음 학년 수학이 쉬워지는 영역별 초등 수학 특화 학습서						
사회	사회 역사				**초등학생을 위한 多담은 한국사 연표** 연표로 흐름을 잡는 한국사 학습			
					매일 쉬운 스토리 한국사 1~2 / **스토리 한국사** 1~2 하루 한 주제를 이야기로 배우는 한국사/ 고학년 사회 학습 입문서			
과학	과학							
기타	창체		**창의체험 탐구생활** 1~12권 창의력을 키우는 창의체험활동·탐구					
	AI		**쉽게 배우는 초등 AI** 1(1~2학년) 초등 교과와 융합한 초등 1~2학년 인공지능 입문서		**쉽게 배우는 초등 AI** 2(3~4학년) 초등 교과와 융합한 초등 3~4학년 인공지능 입문서		**쉽게 배우는 초등 AI** 3(5~6학년) 초등 교과와 융합한 초등 5~6학년 인공지능 입문서	